Reprint Publishing

FÜR MENSCHEN, DIE AUF ORIGINALE STEHEN.

www.reprintpublishing.com

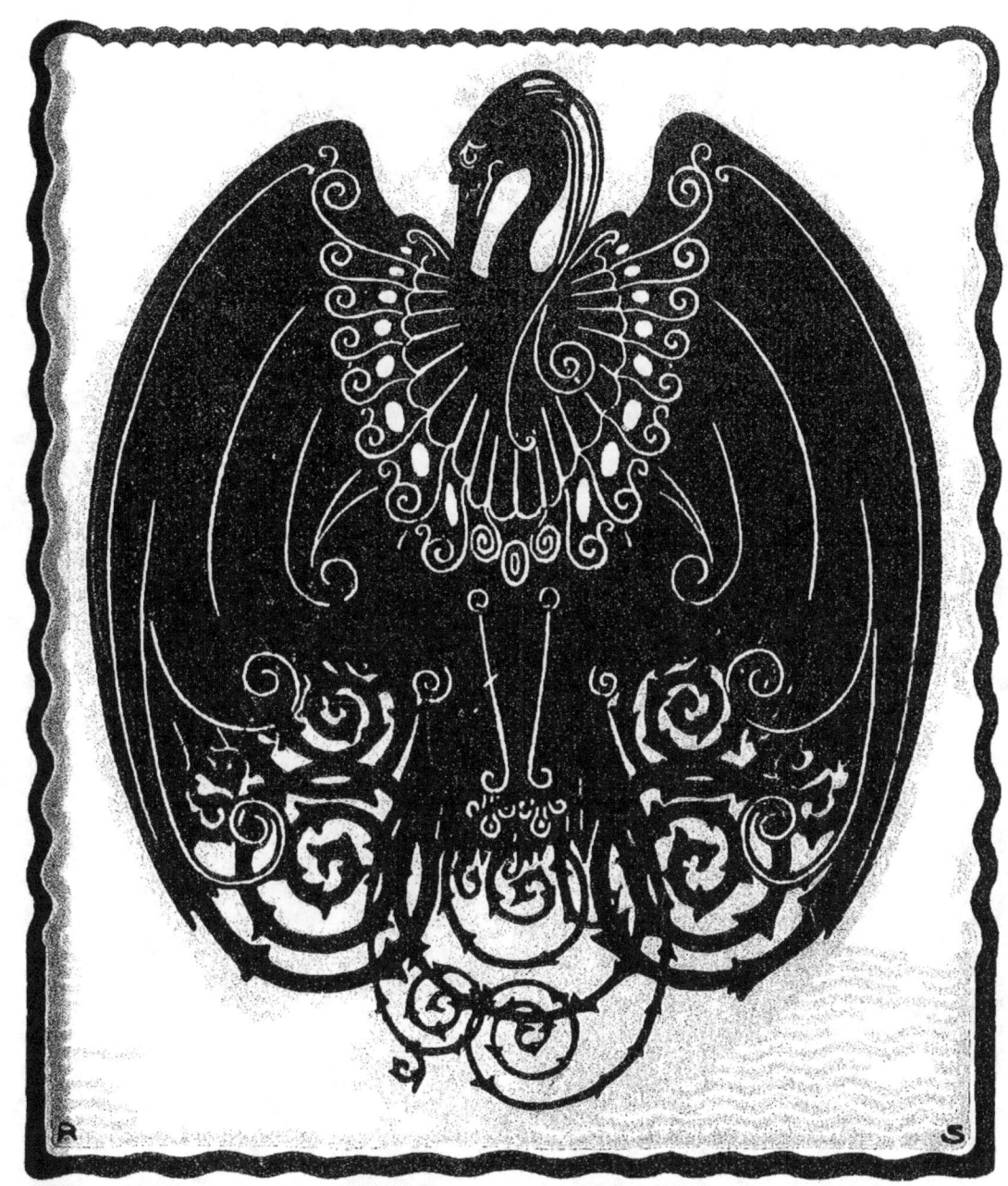

Rudolf Sievers
Kunterbuntes
Bilderbuch

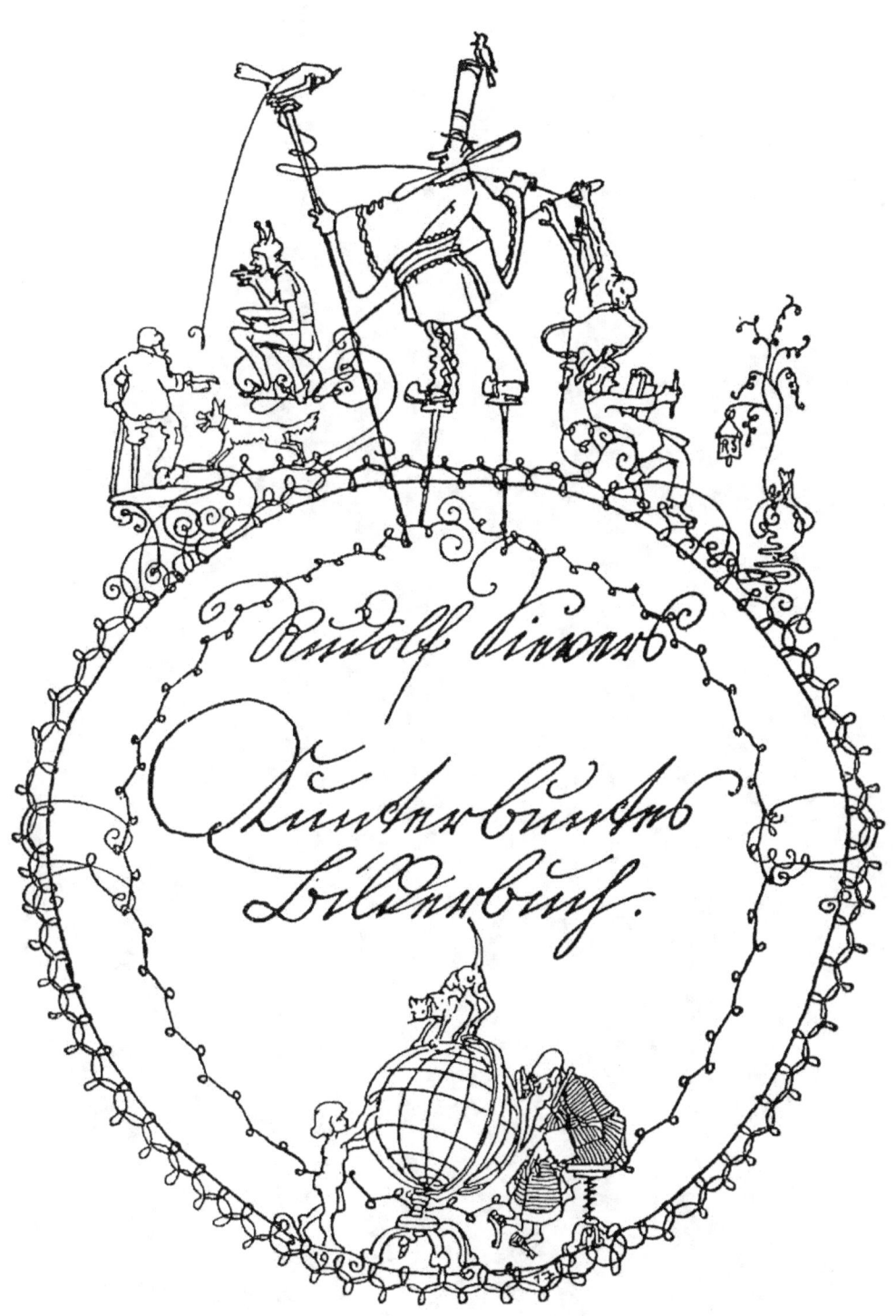

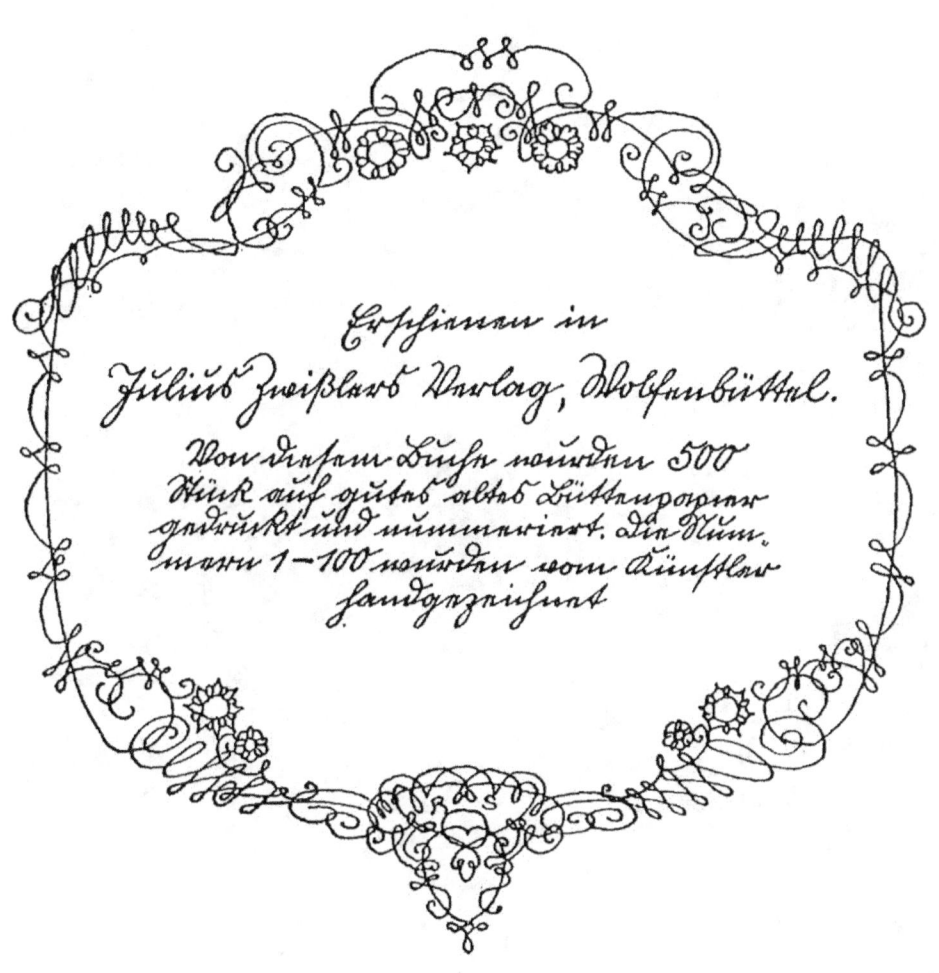

Erschienen im
Julius Zweißlers Verlag, Wolfenbüttel.

Von diesem Buch wurden 500
Stück auf gutes altes Büttenpapier
gedruckt und nummeriert. Die Num-
mern 1–100 wurden vom Künstler
handgezeichnet

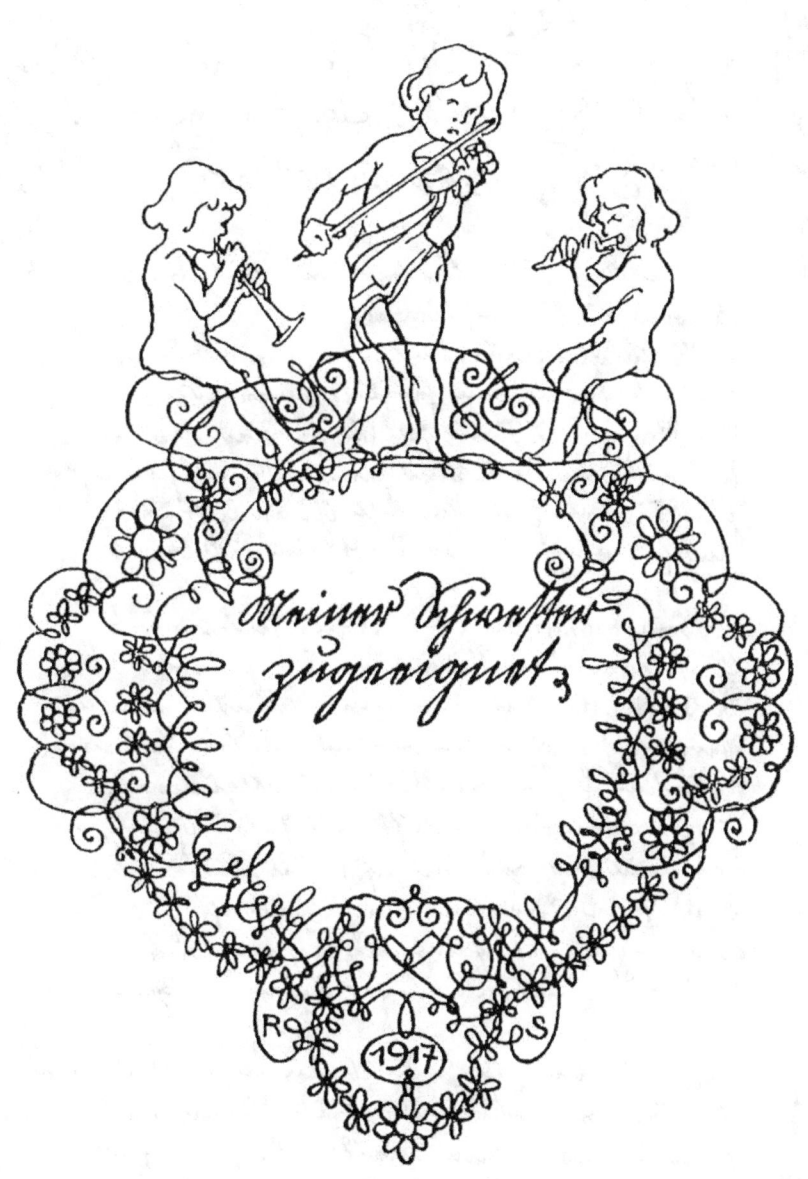

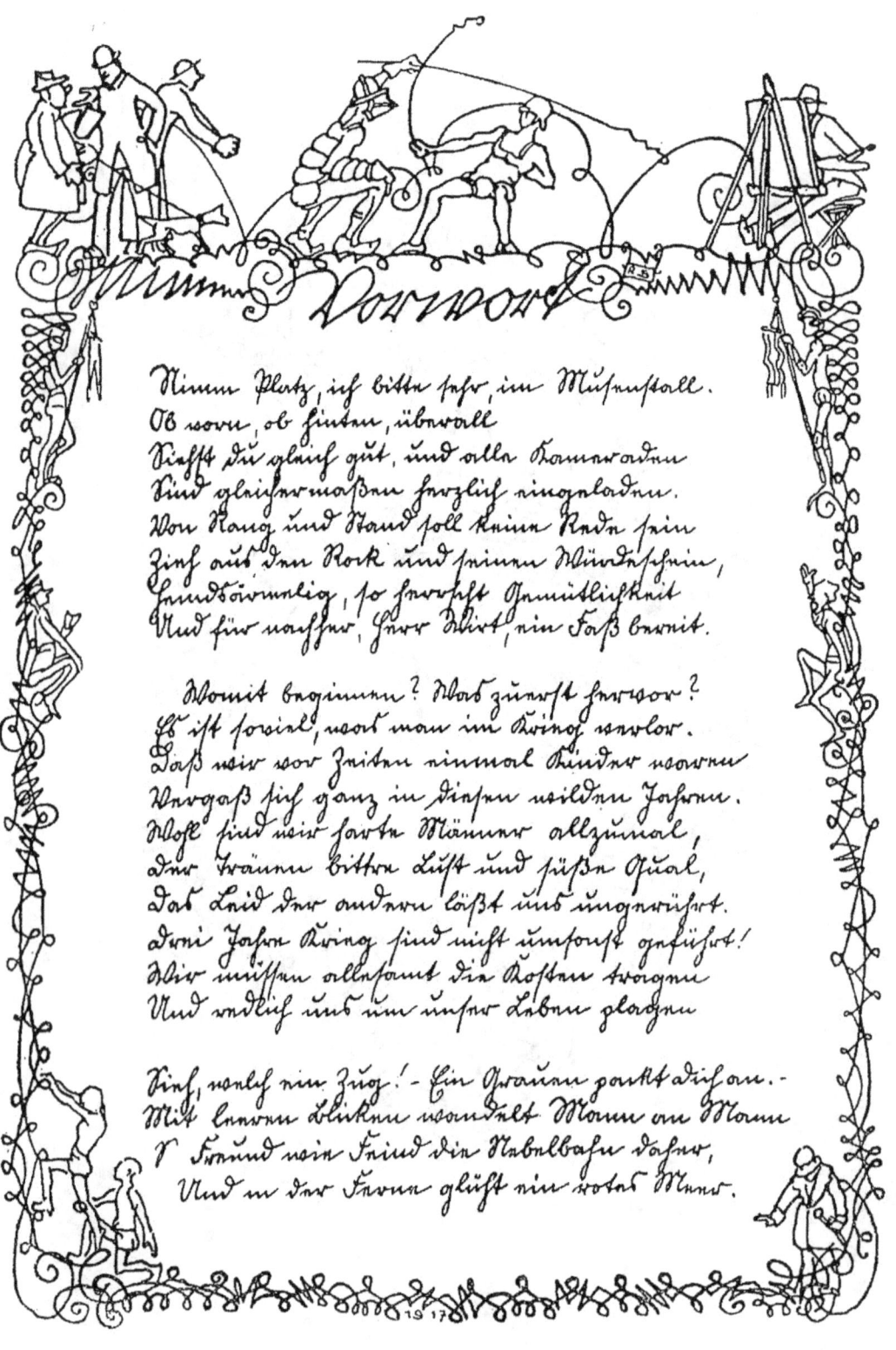

Noch immer sind wir, ich und du, Soldat,
Und ob' des grauen Zuges Hufen naht
Hat man vielleicht uns höflich schon gebeten
In seine Marschordnung mit einzutreten.

Doch Spaß muß sein, die bunte Welt muß halten
Die schenkt uns Kinder, sterben auf die Alten.
Beharrlich dreht sie sich durch Hell und Dunkel,
Die finstre Nacht putzt sie mit Sterngefunkel
Und setzt den Tag mit ihrer Wolken Mauern.
Und aber kreischt, trotz Wort- und Sorgendeuten
Die Kraft der Sonne mächtig noch im Blut,
Und herrlich sind die Werke, die sie tut.

Du siehst, es lassen diese Verse frei,
Was dies Buch will, wie es entstanden sei
Lasse es dir und denk dir dies und das
Und bist du kritisch, nimm dein Zoll und Maß:
Beweise mir, daß ich noch lernen muß
Und welchen Großen nachgesenkt mein Fuß.
Ja richte mir das Ding so recht zu Trümmern,
Es soll mich wirklich herzlich wenig kümmern.
Du aber, dem das Bildwerk frönen magst,
Wie mir es tat, als ich es ausgedacht,
Du bist mein Mann! Bist mir Lohns genug,
Tah ich in deiner Hand mein Bilderbuch.

Im Felde, Oktober 1917.   Rudolf Vincent

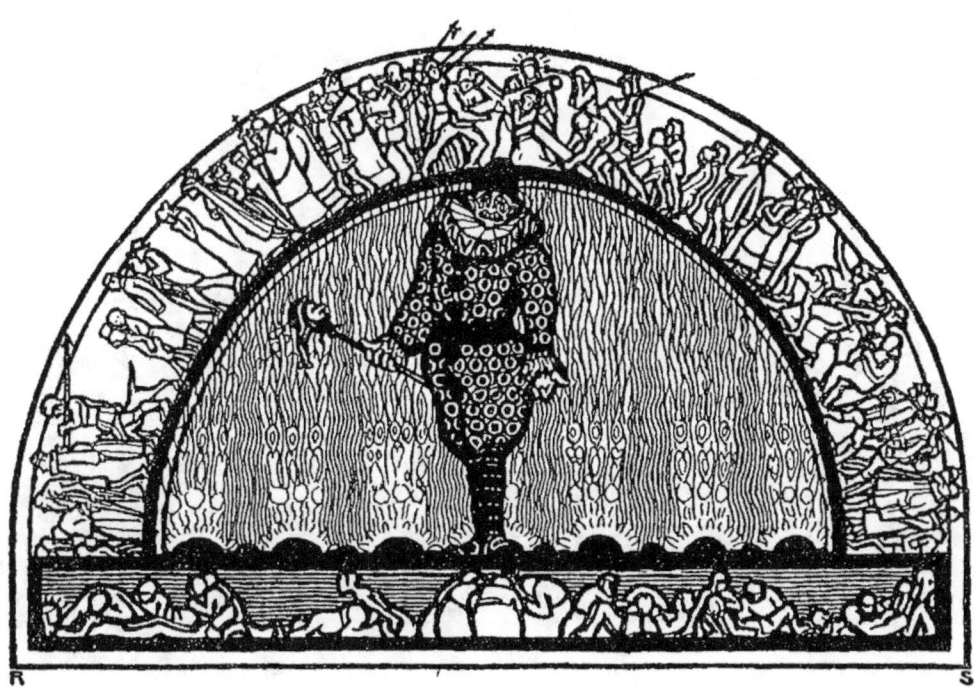

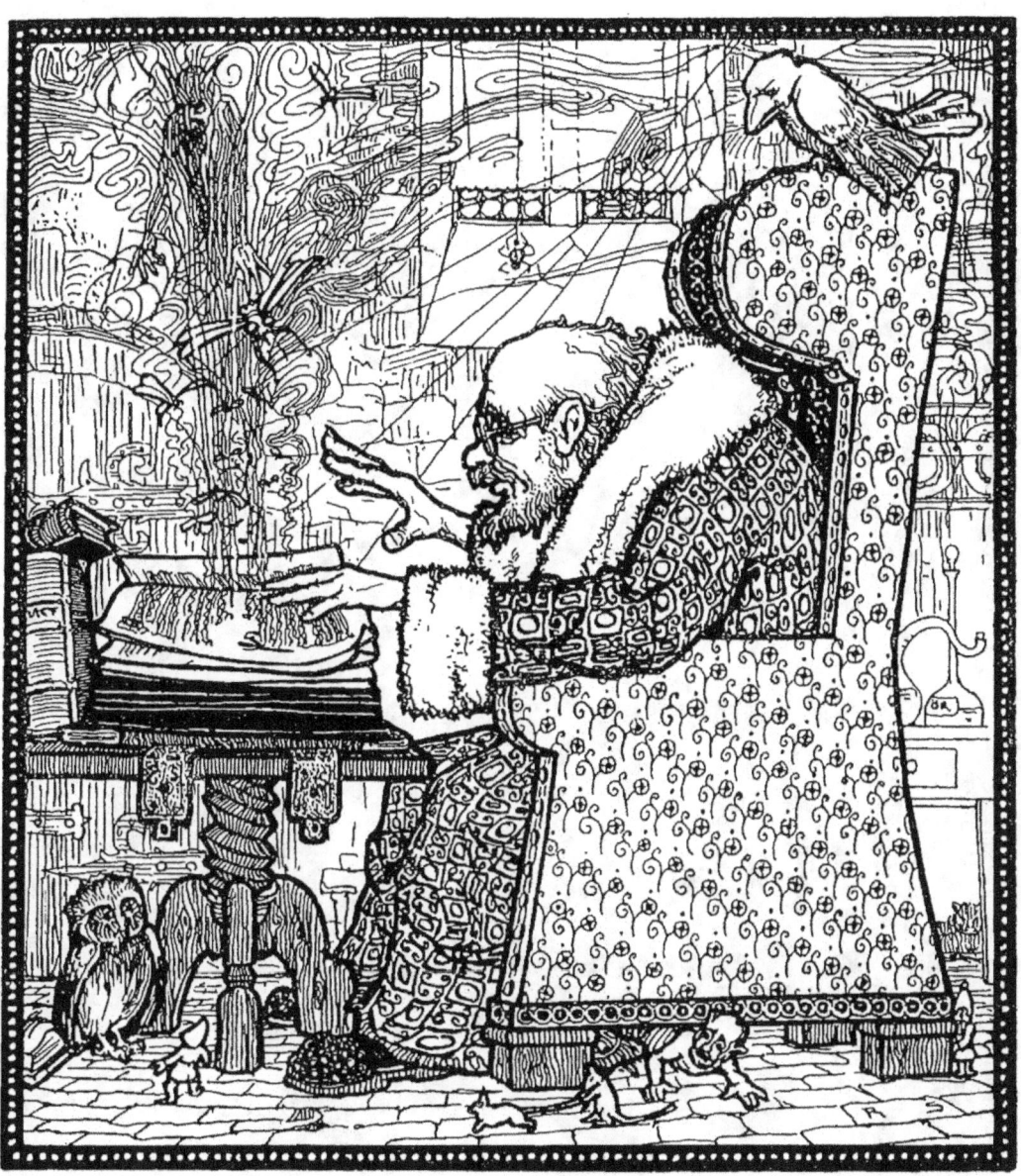

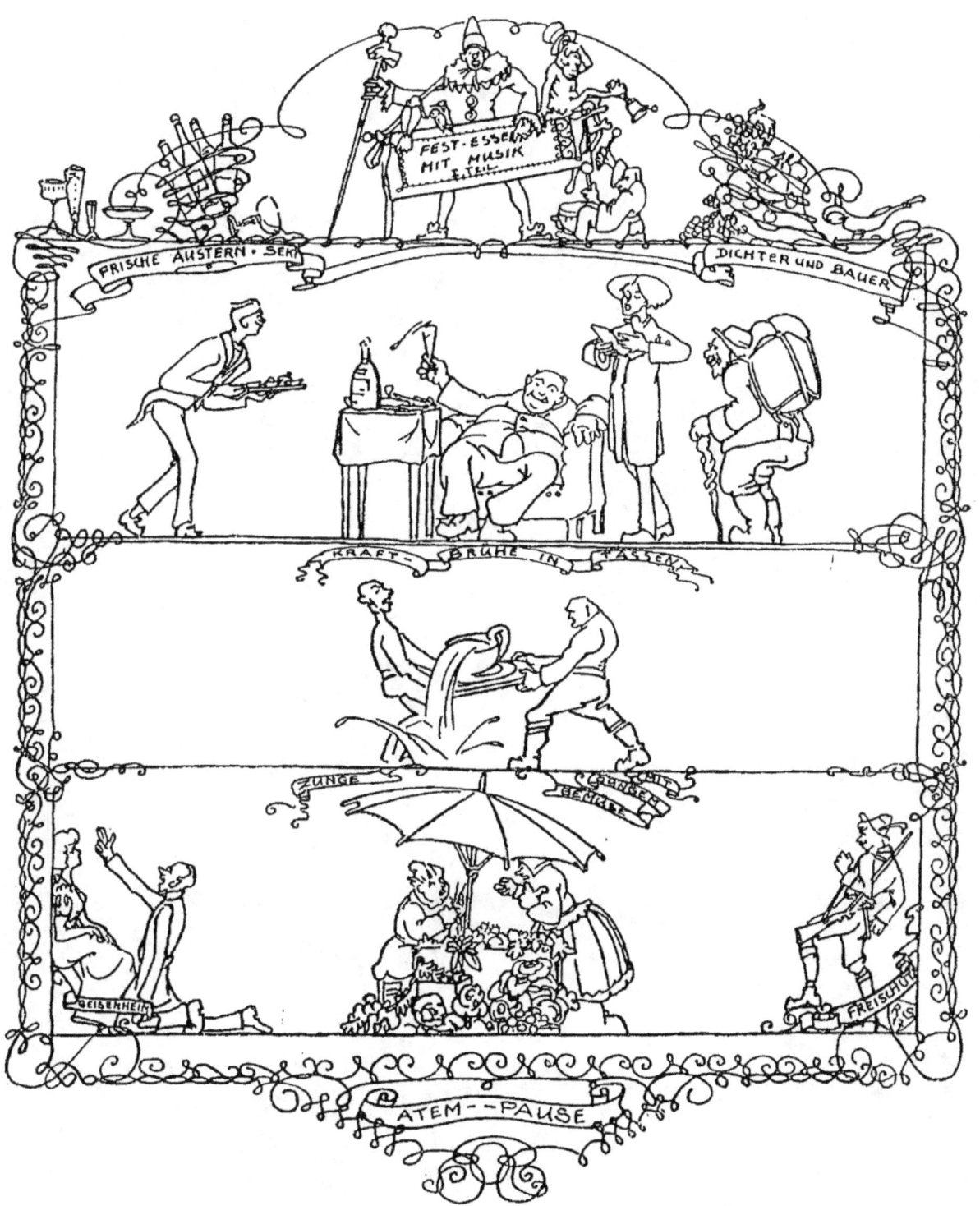

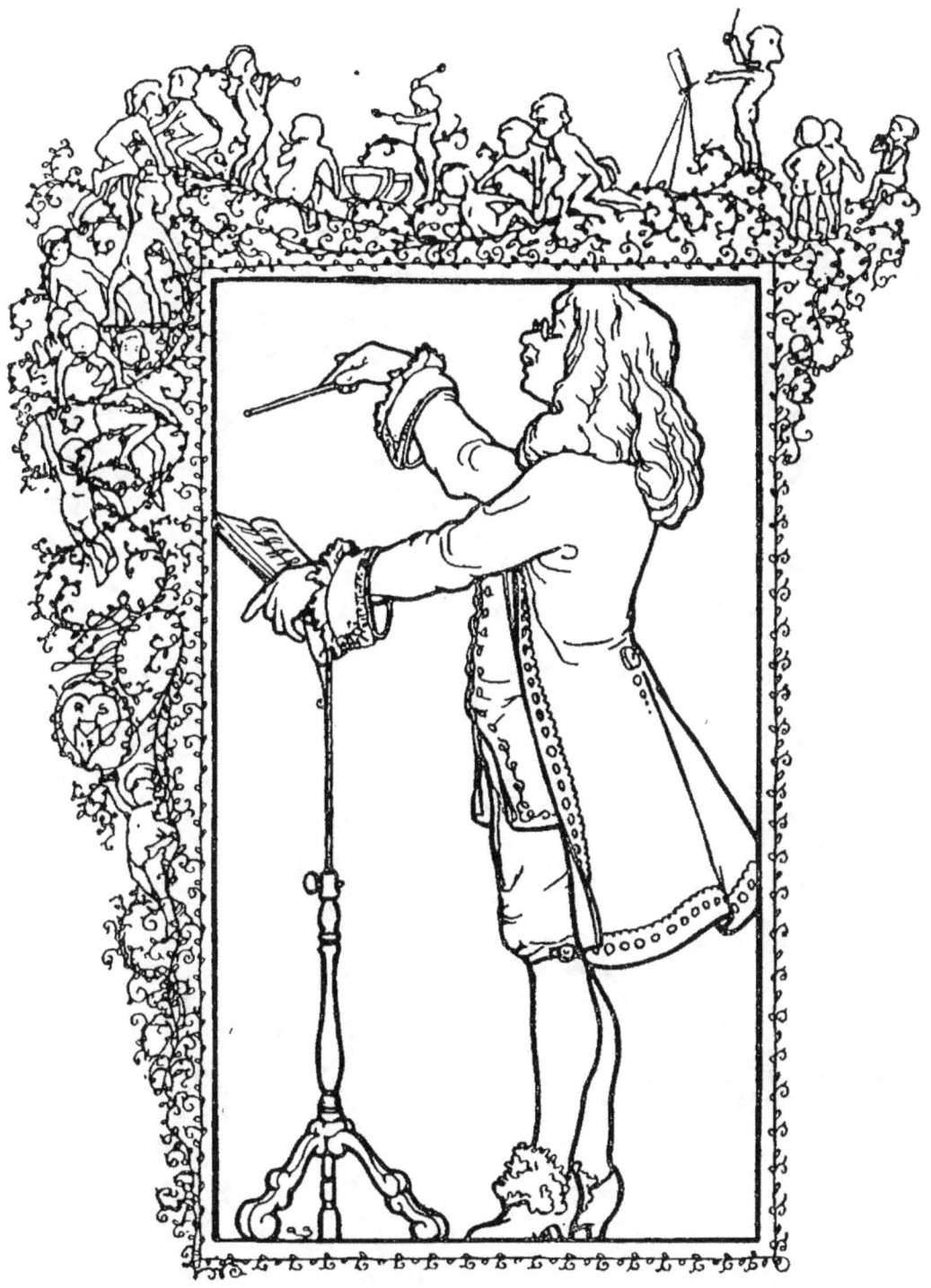

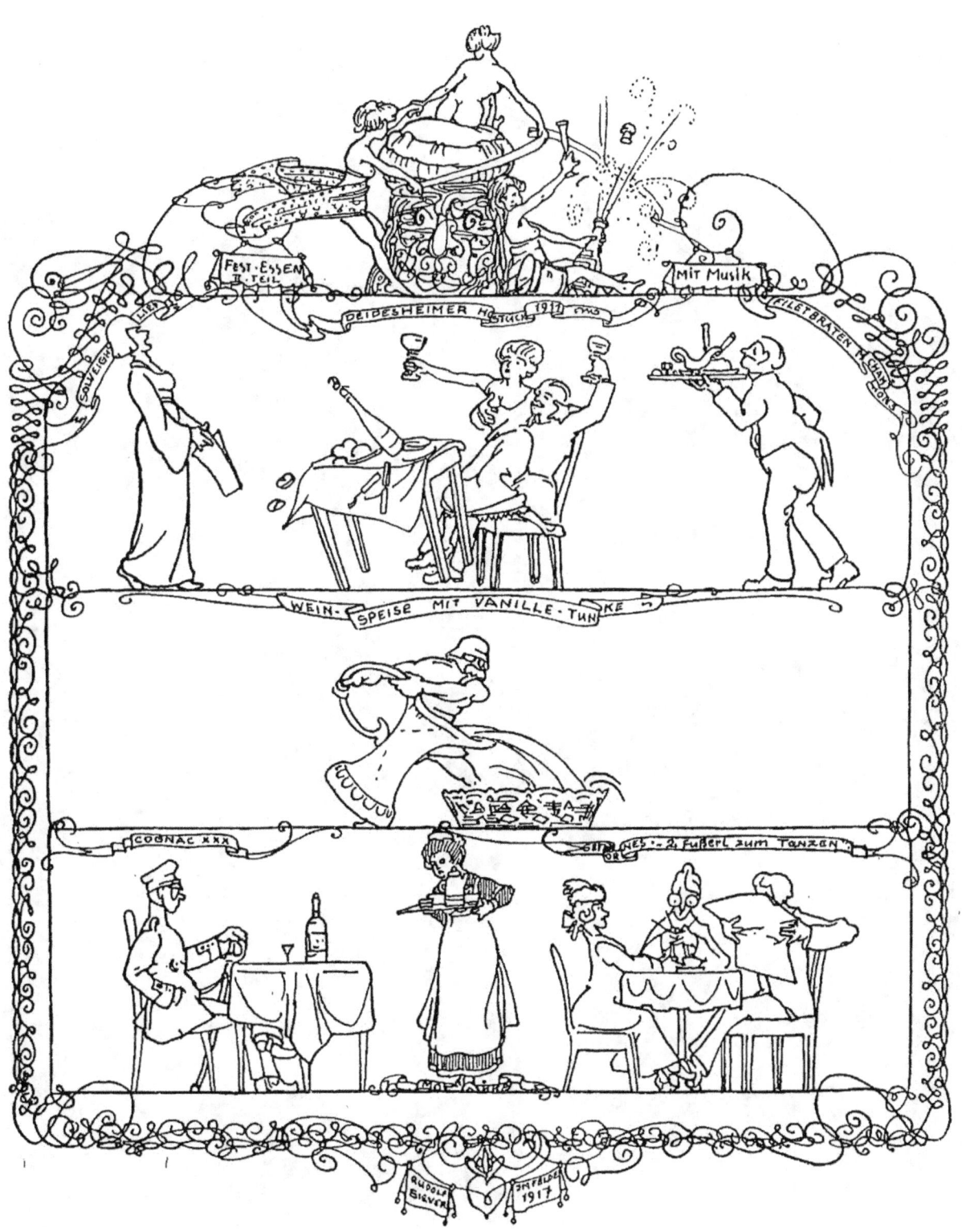

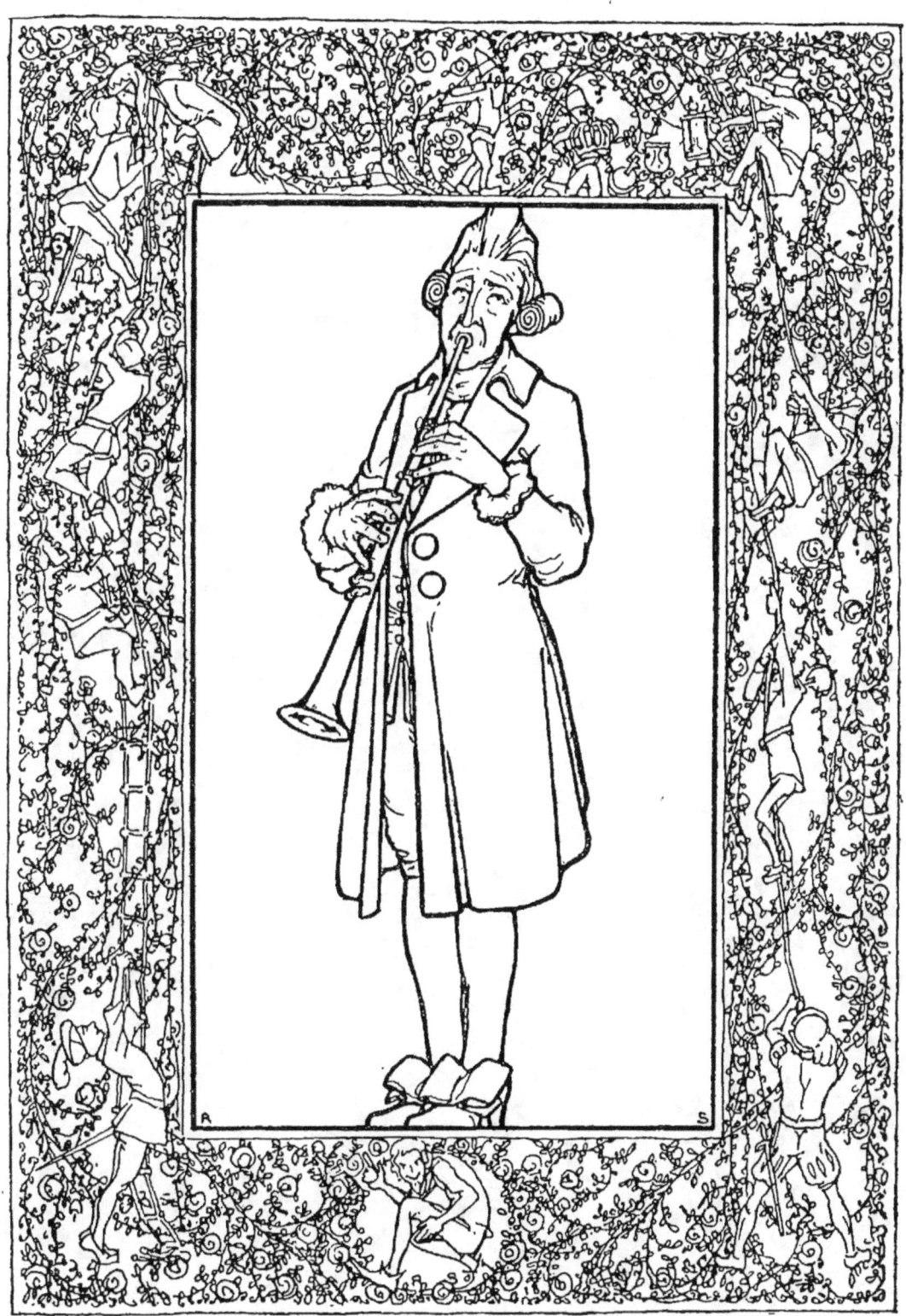

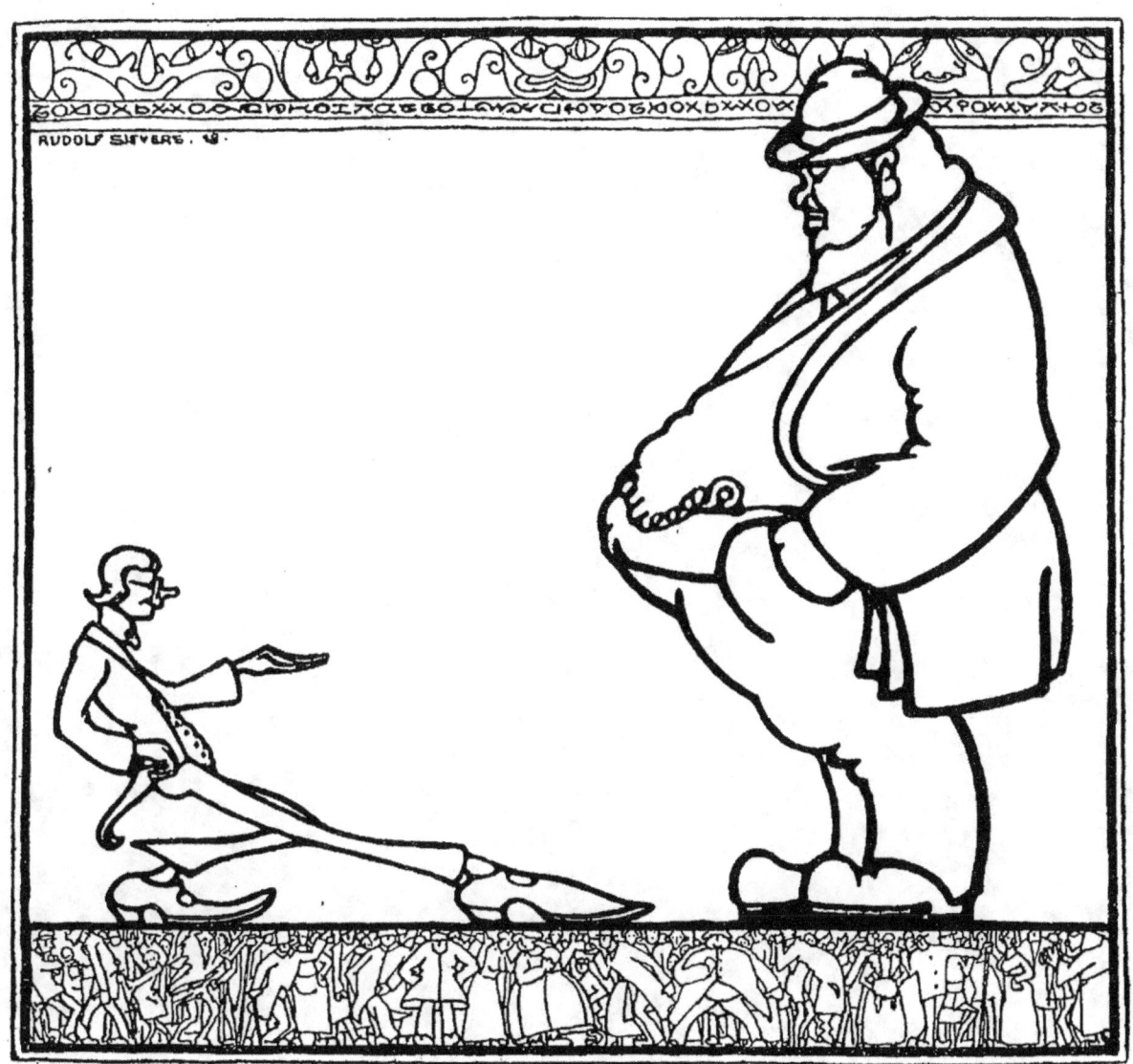

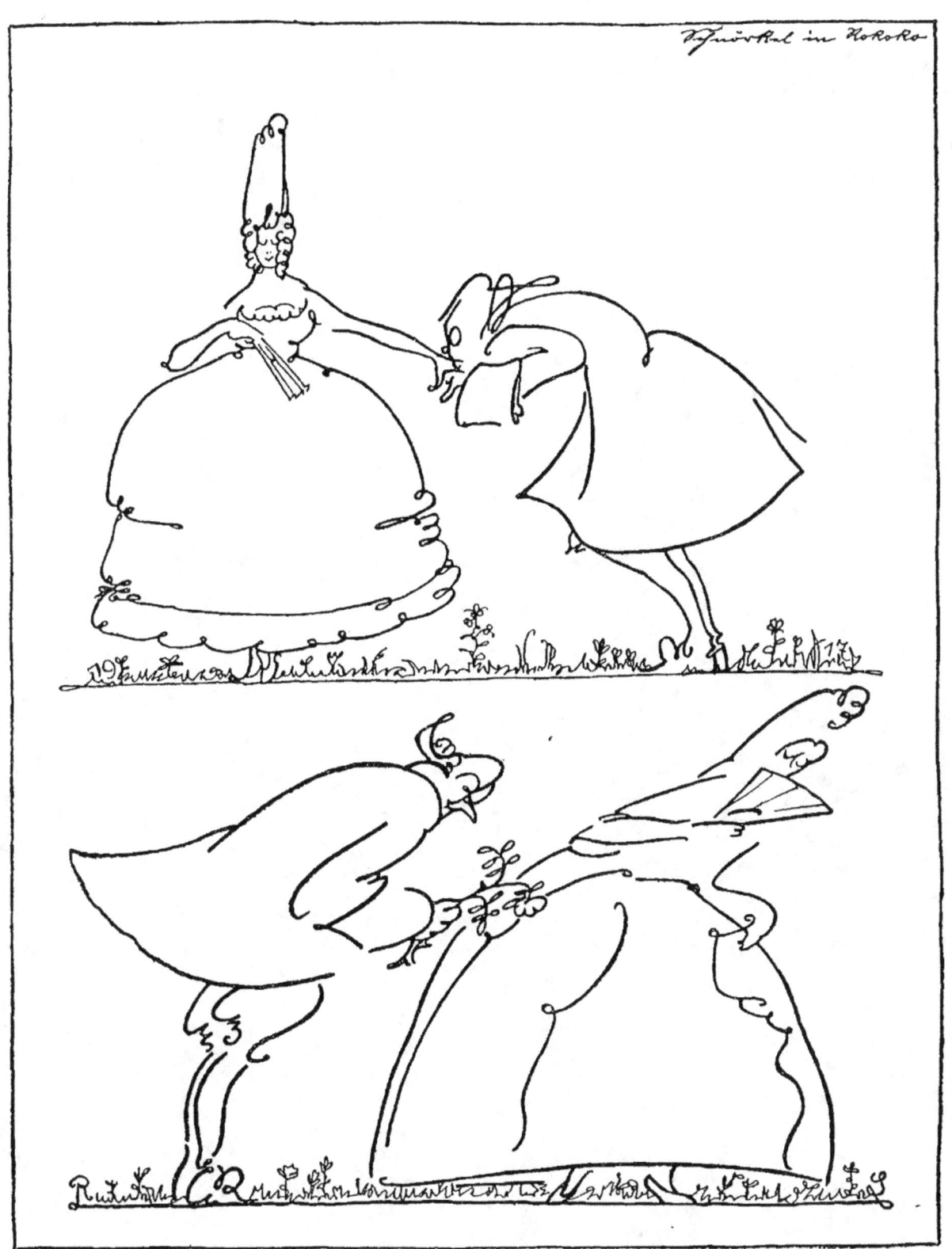

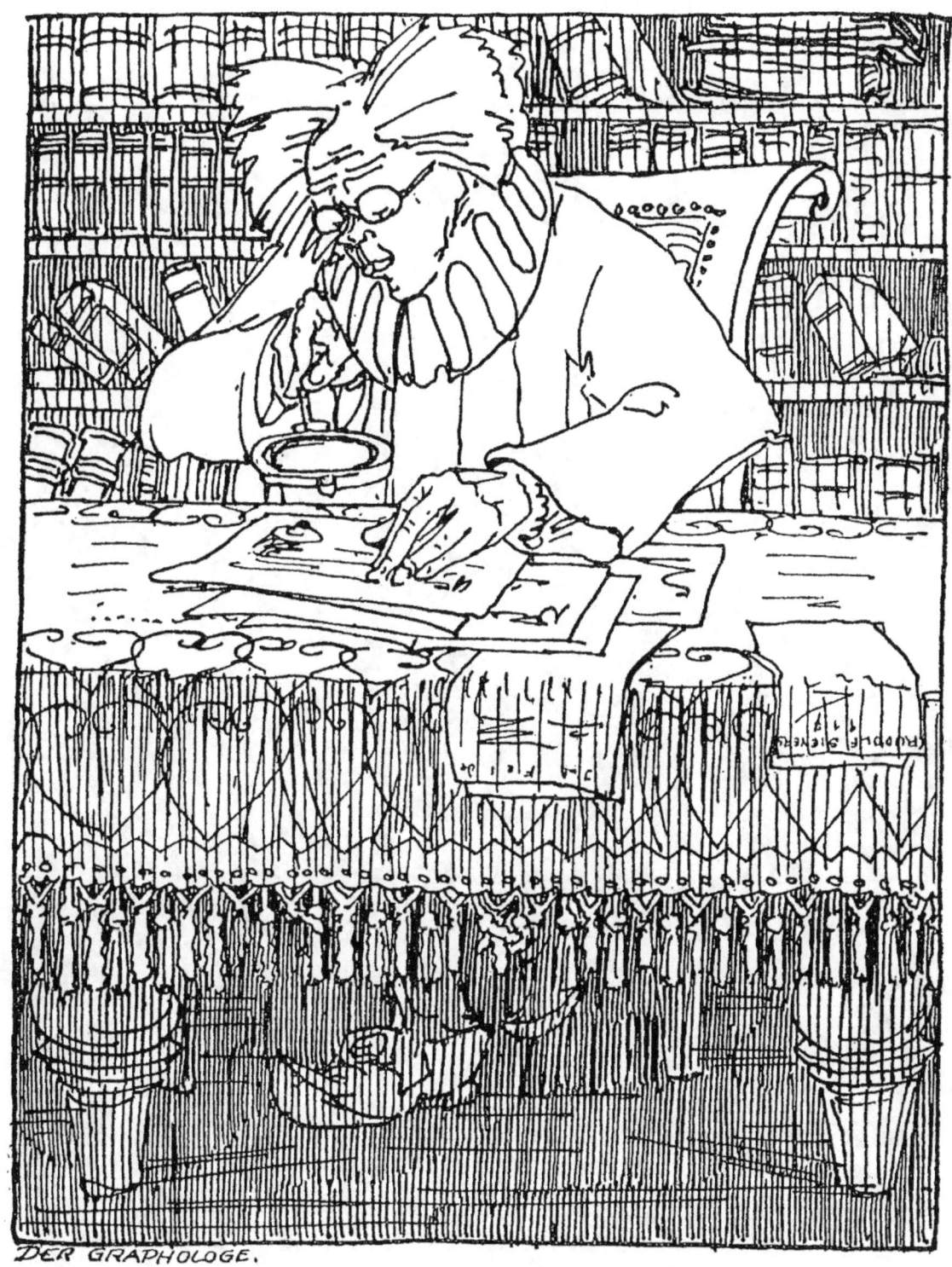
DER GRAPHOLOGE.

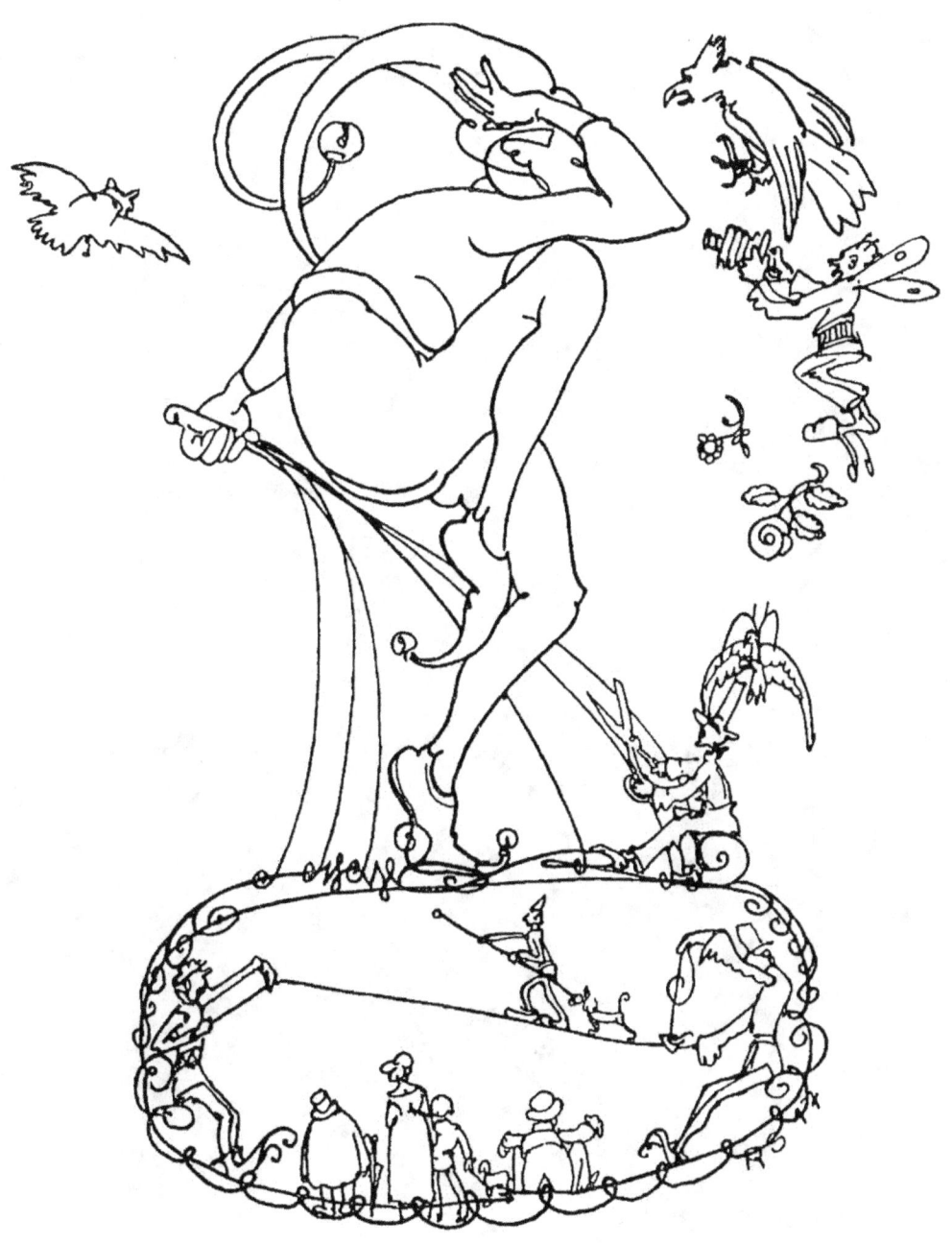

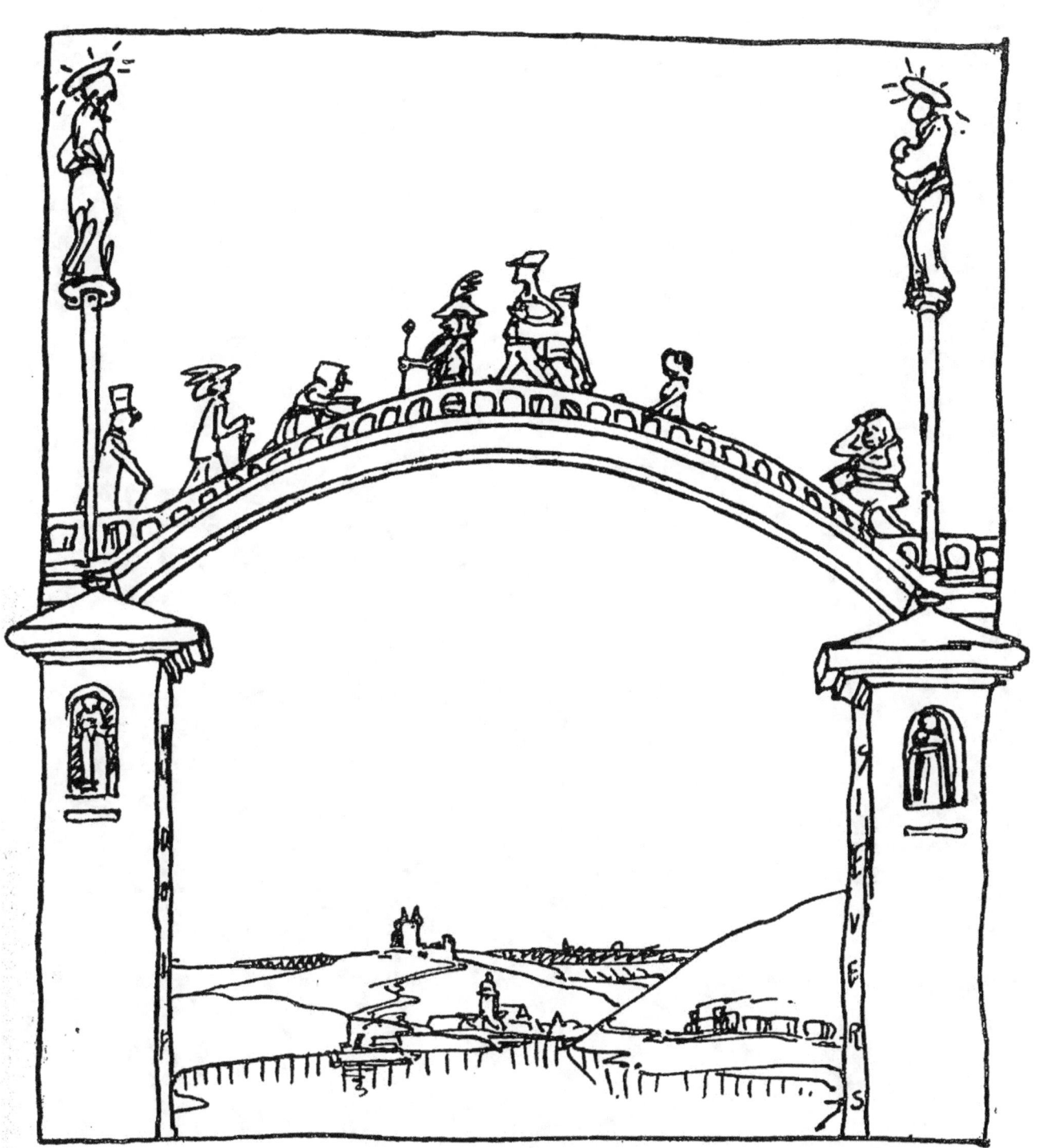

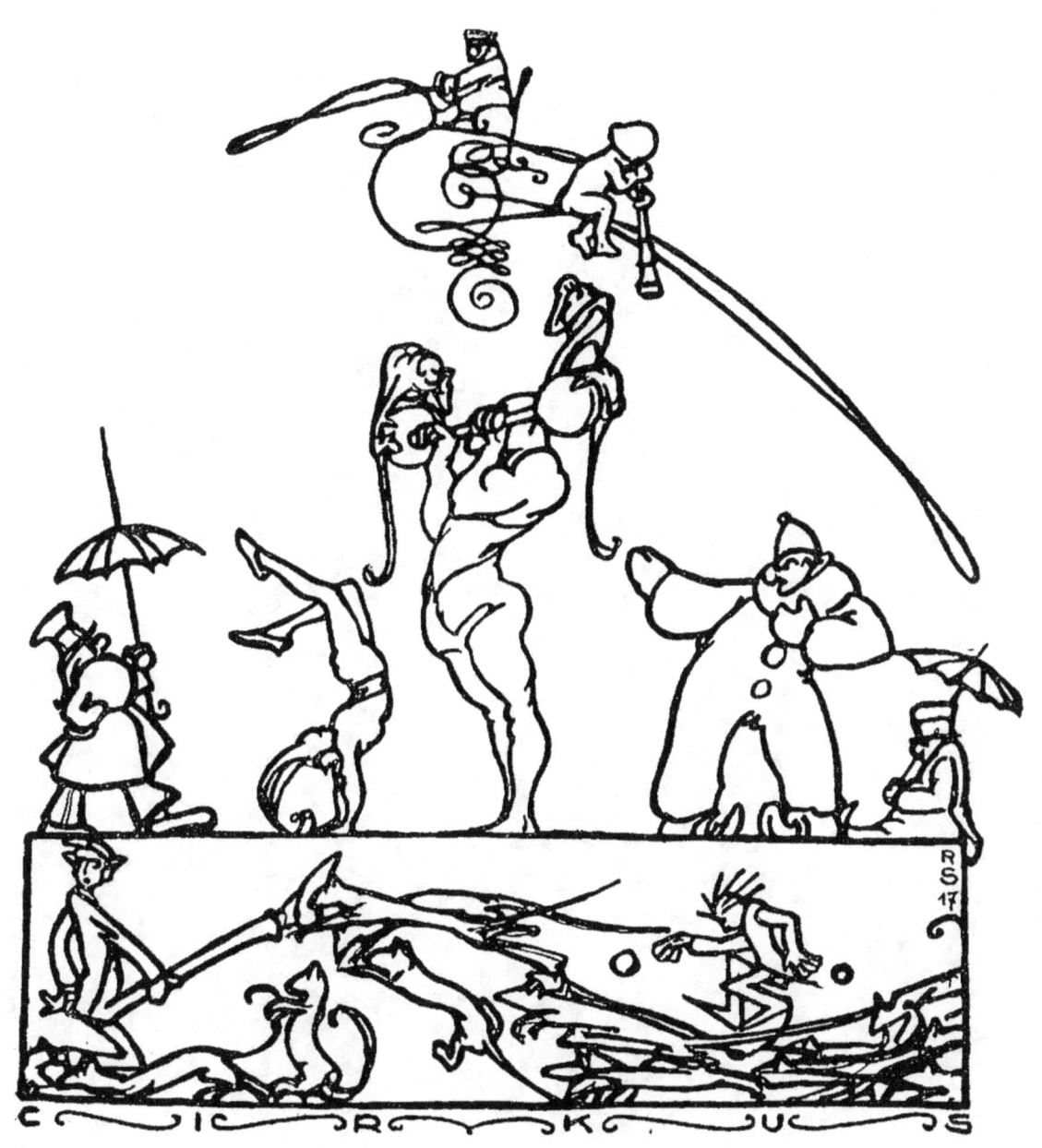

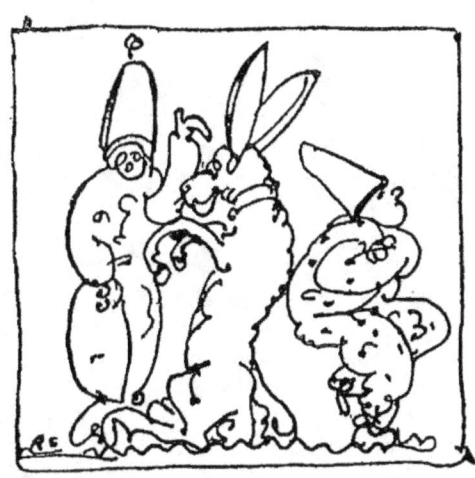
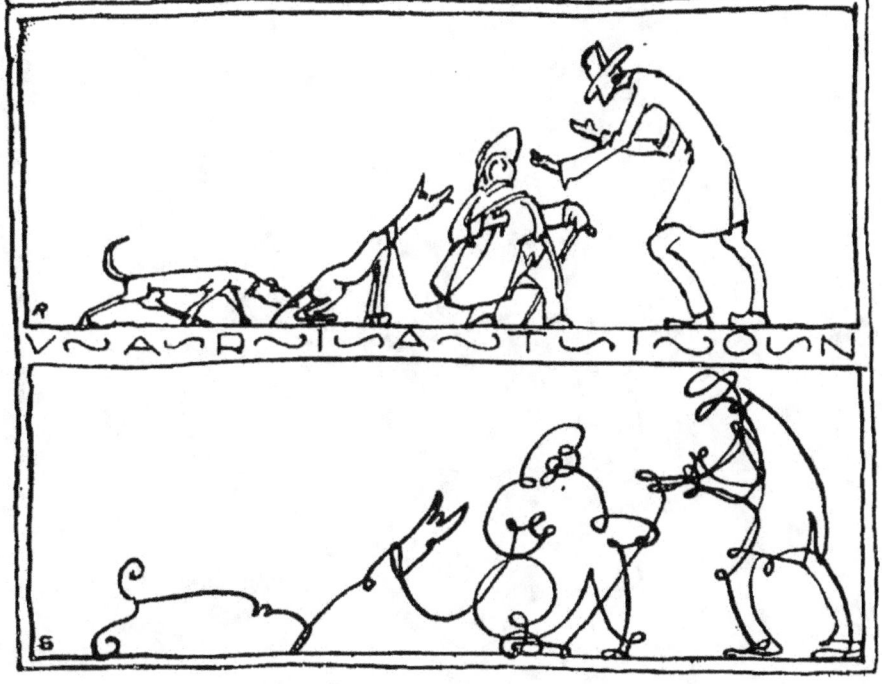
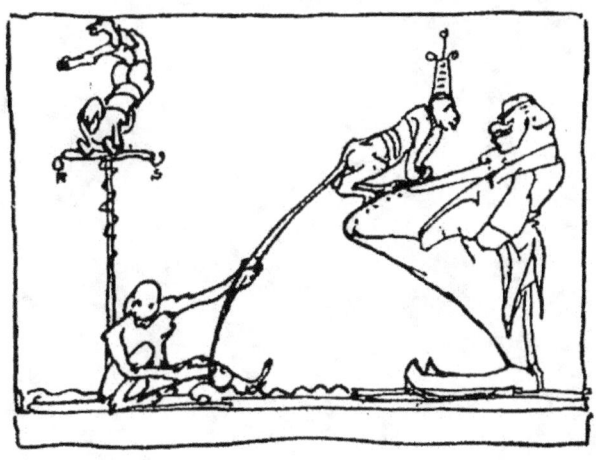

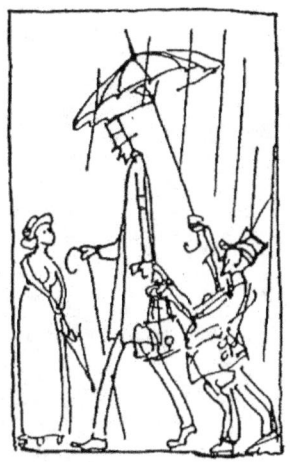

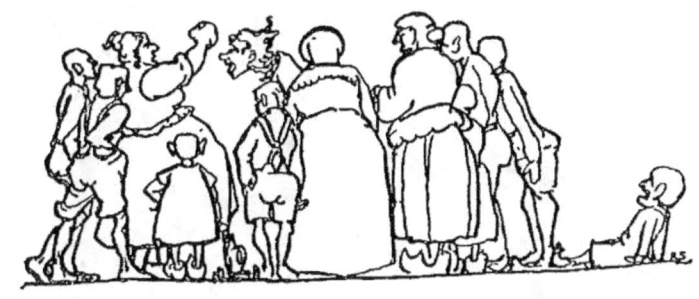

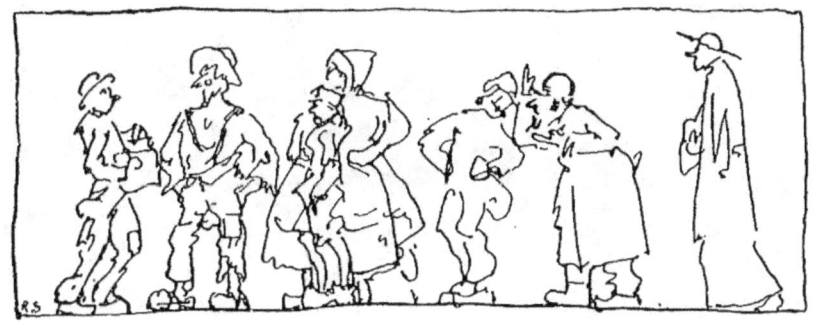

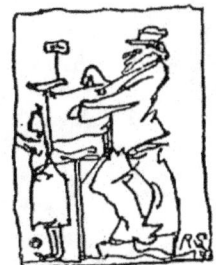

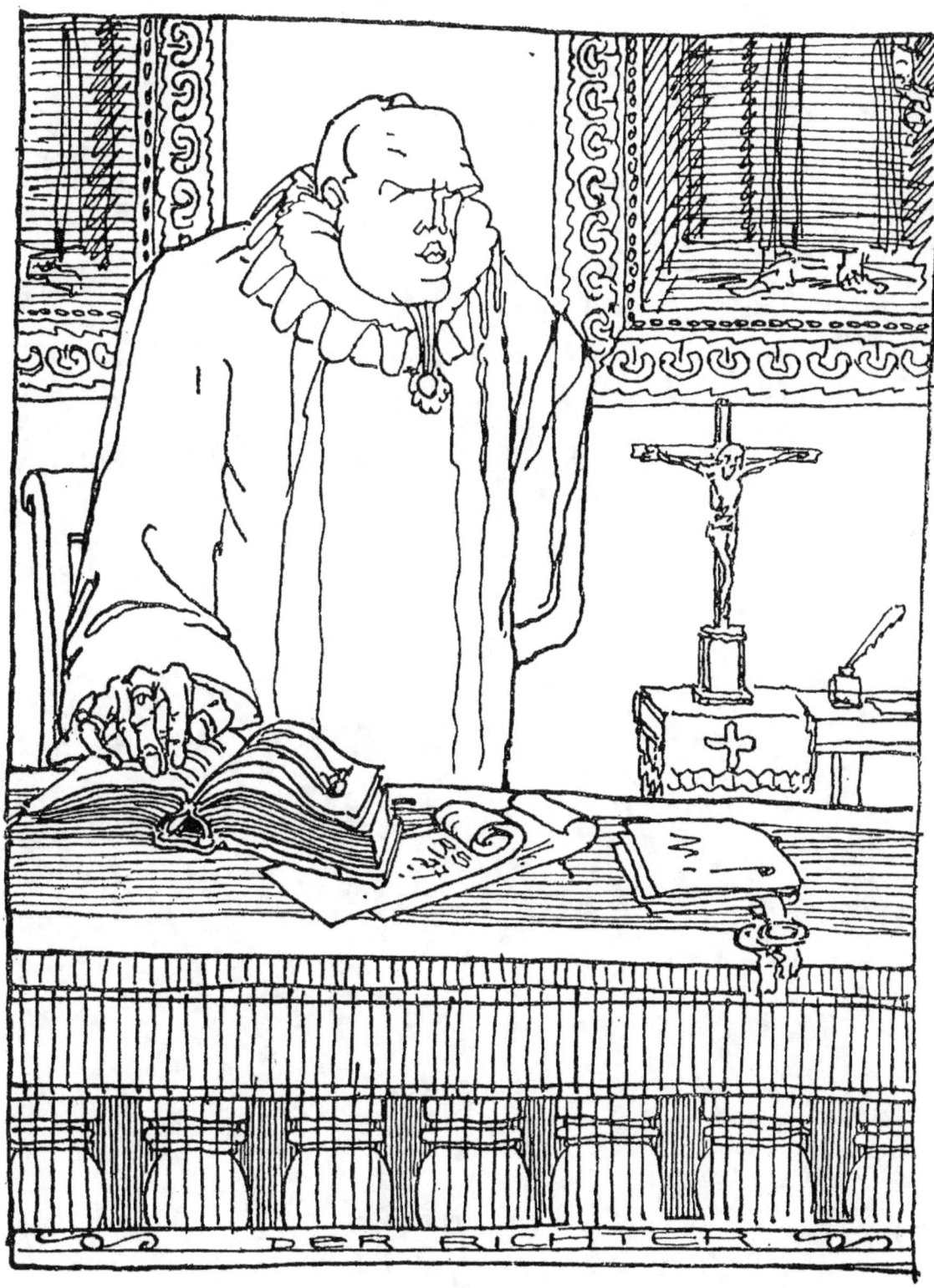

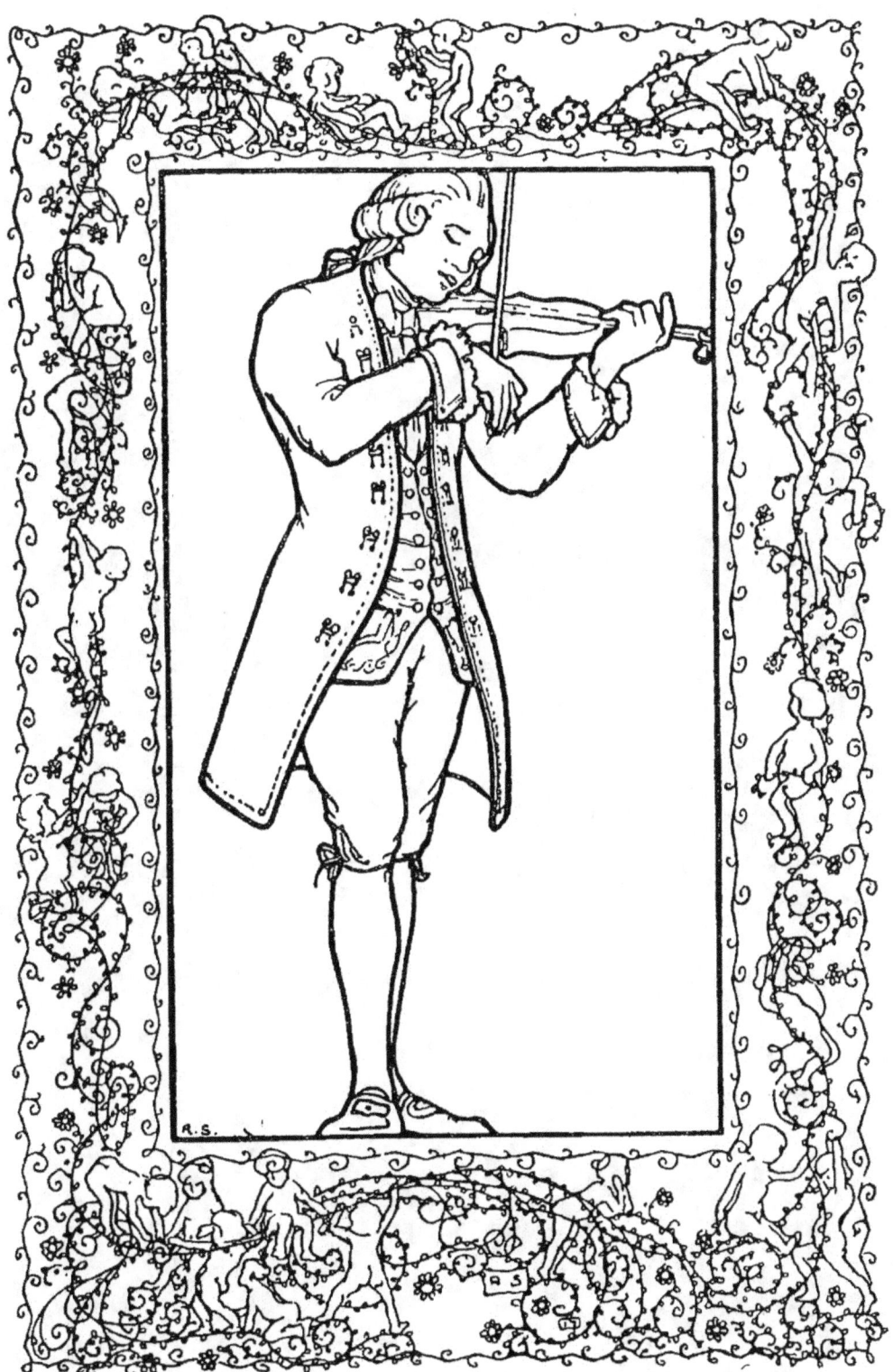

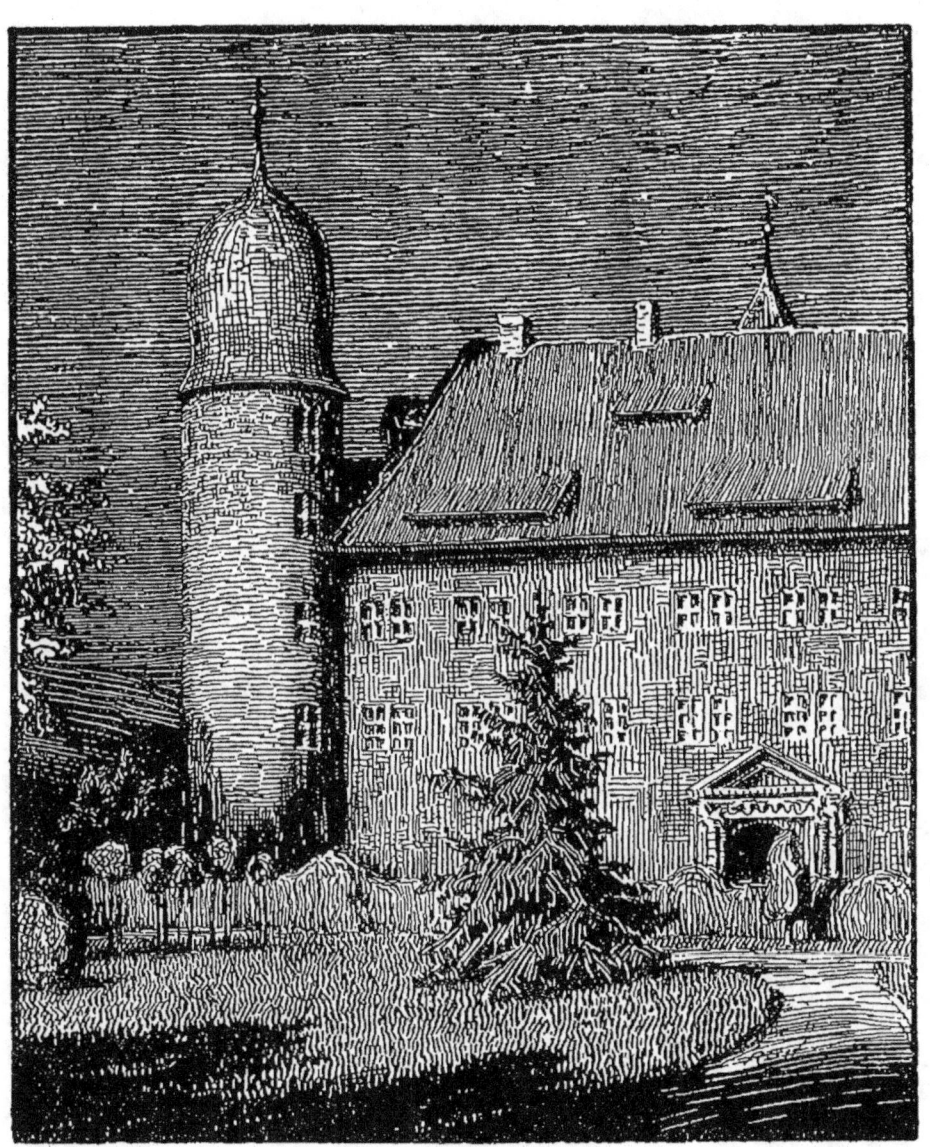

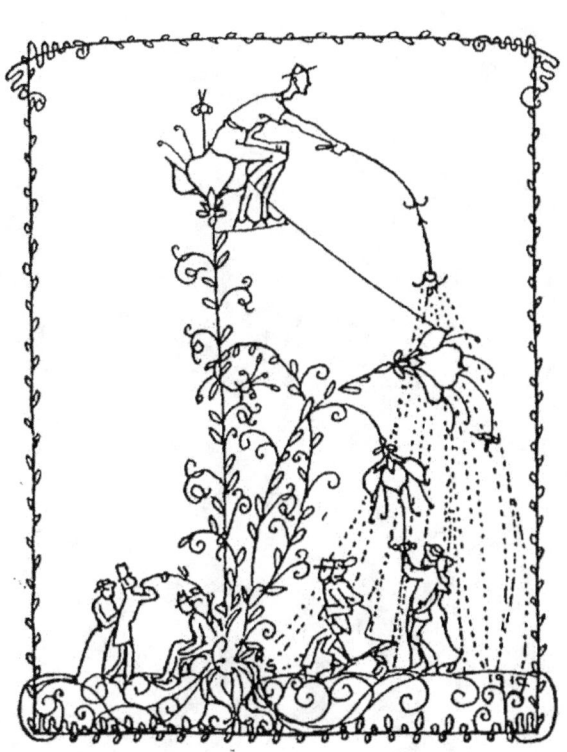

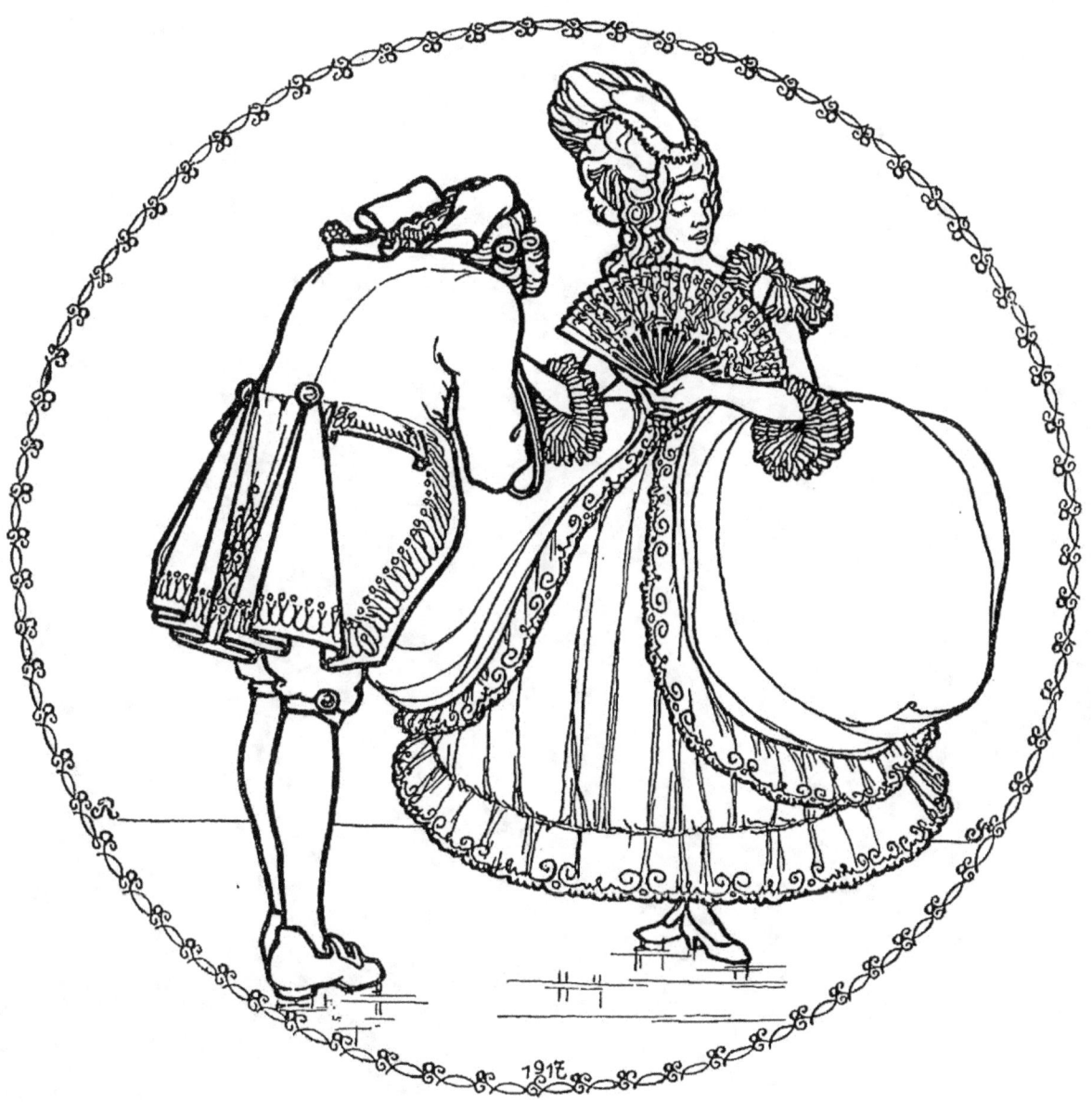

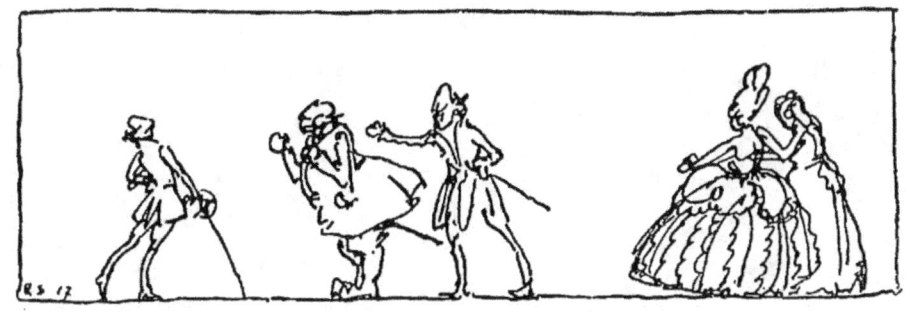

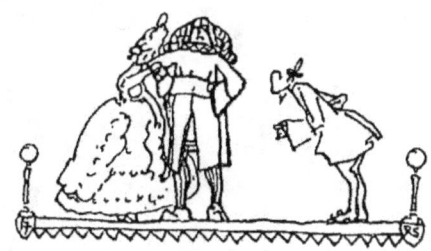

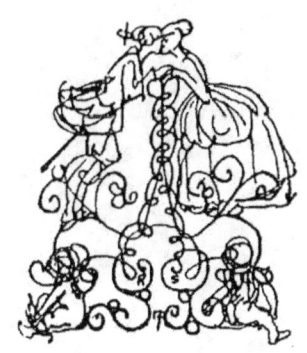

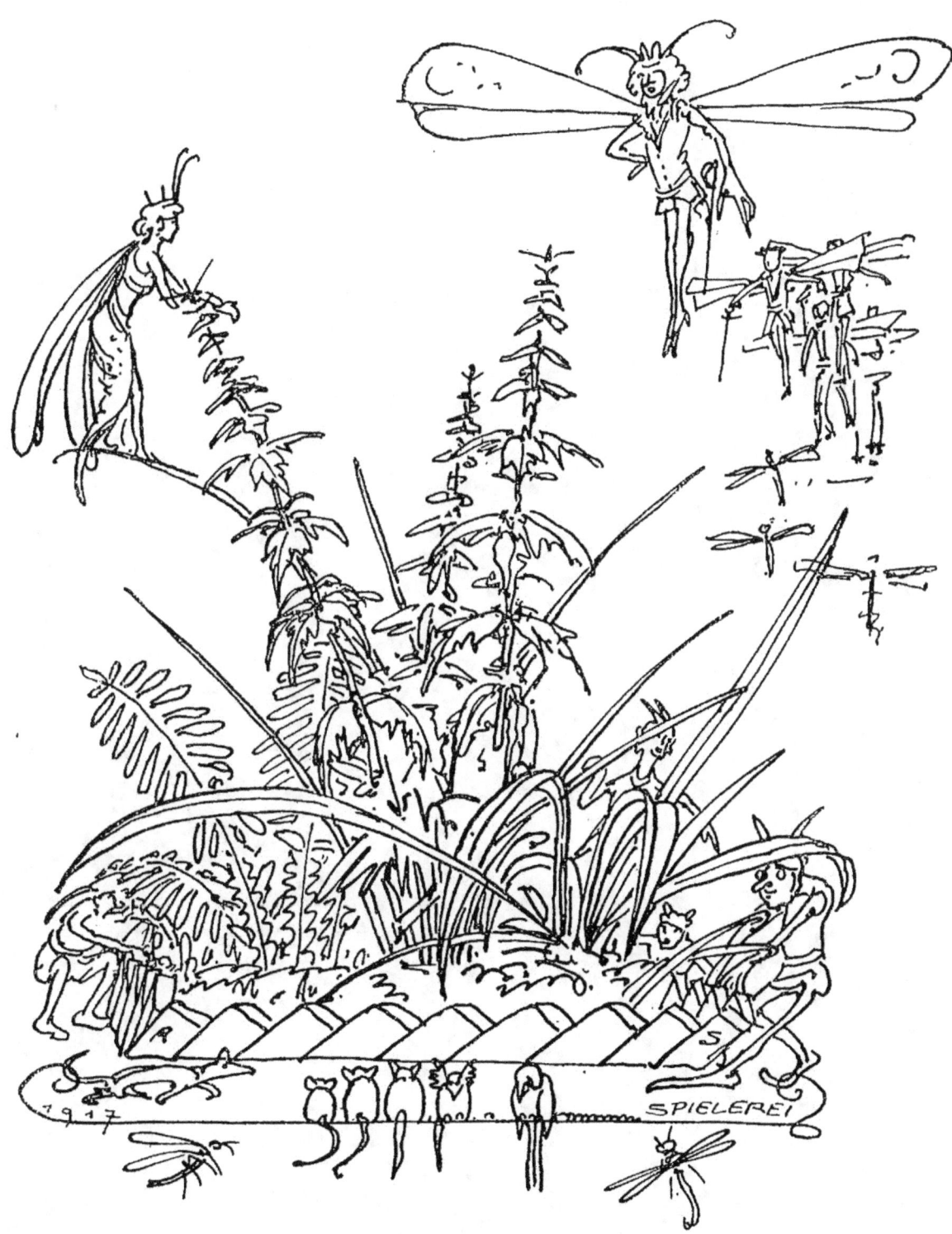

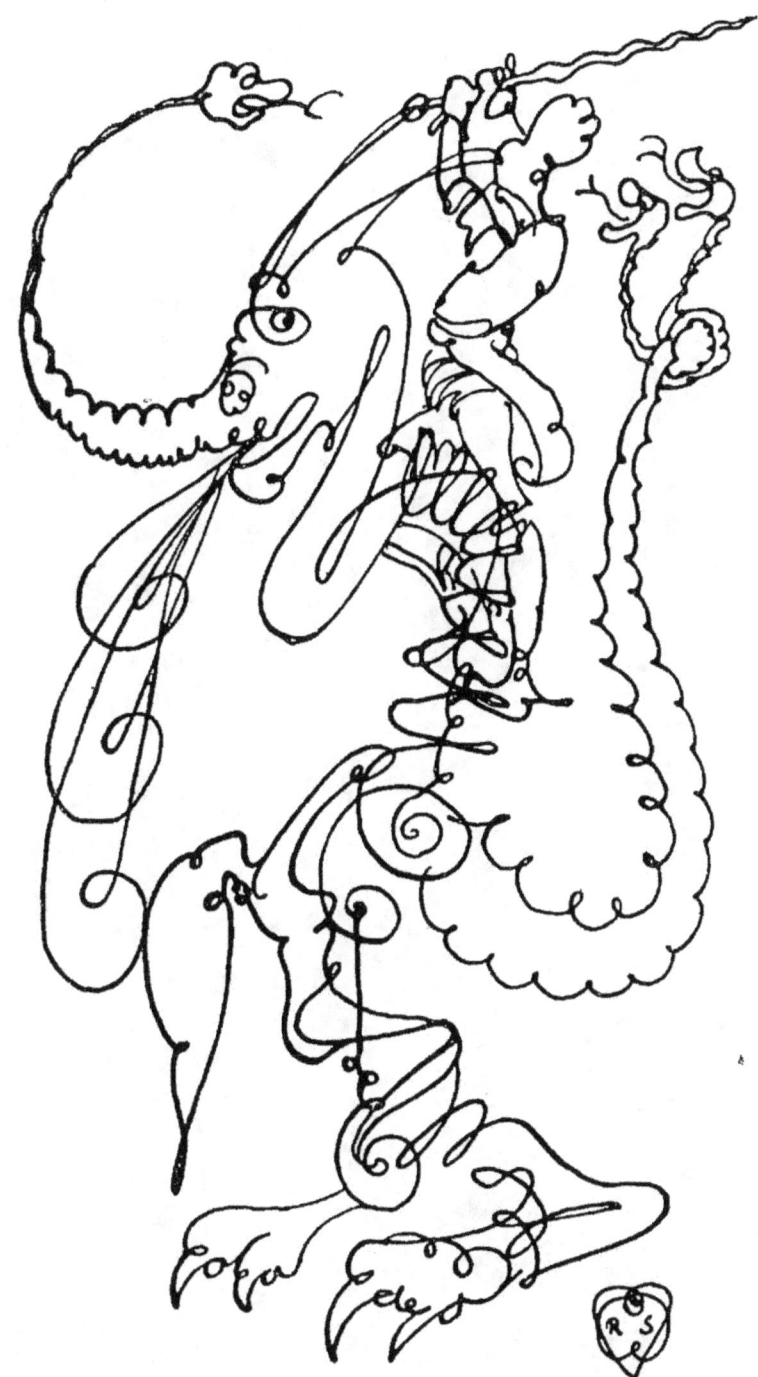

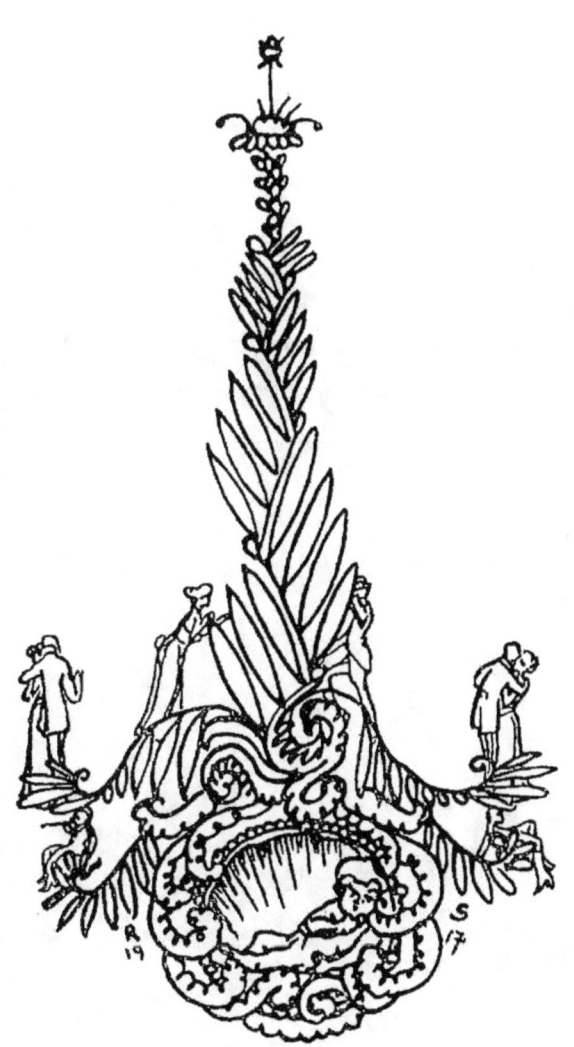

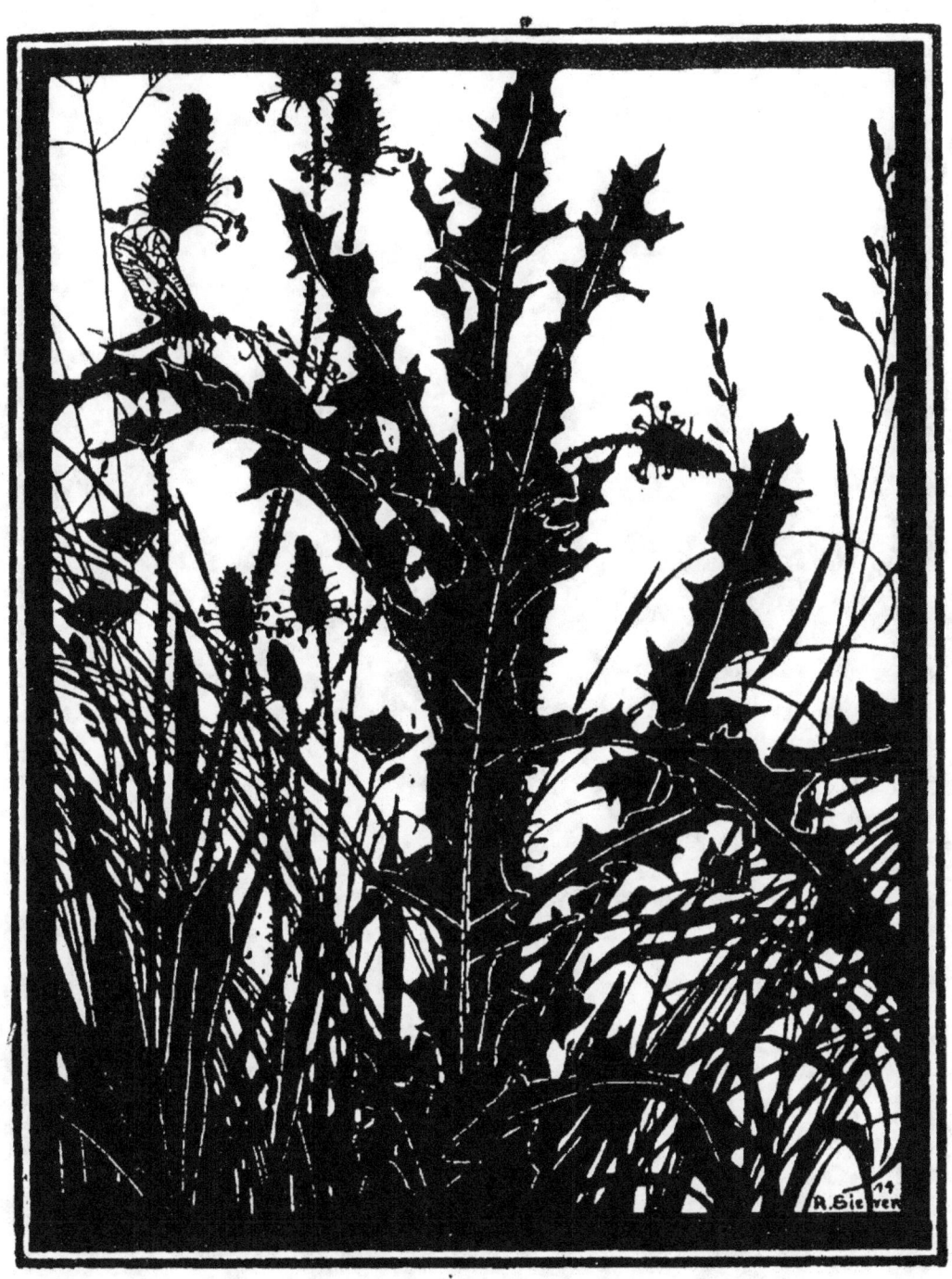

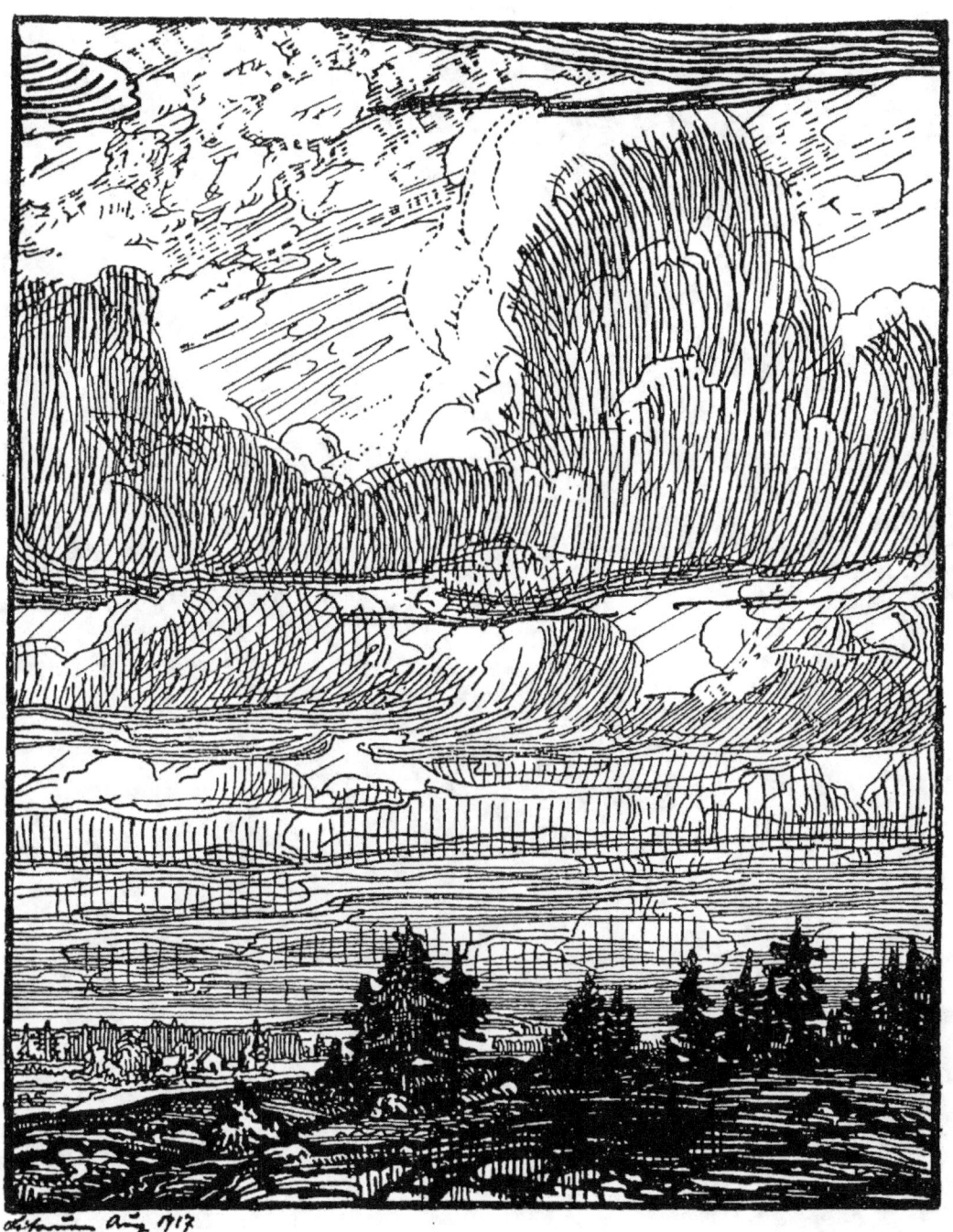

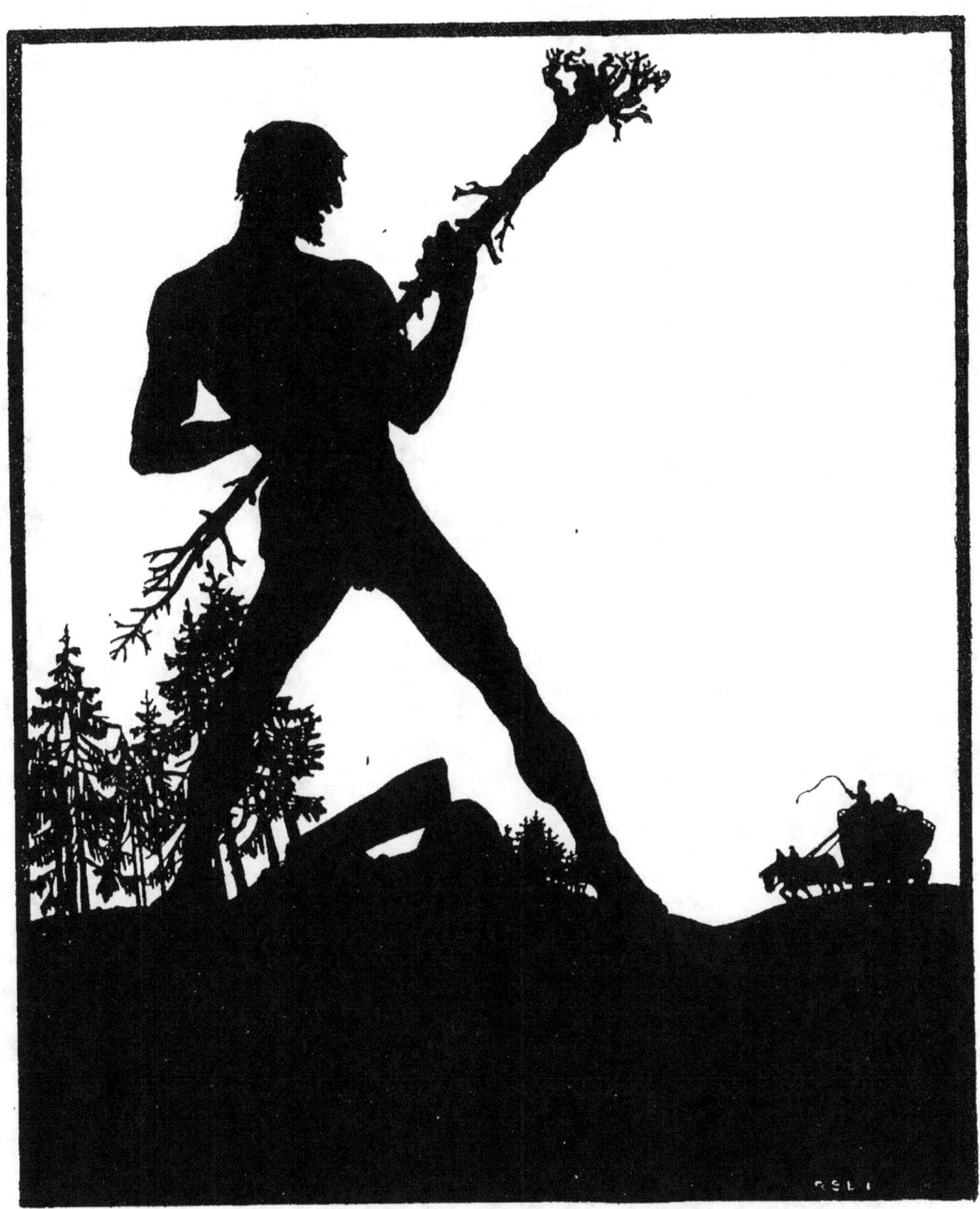

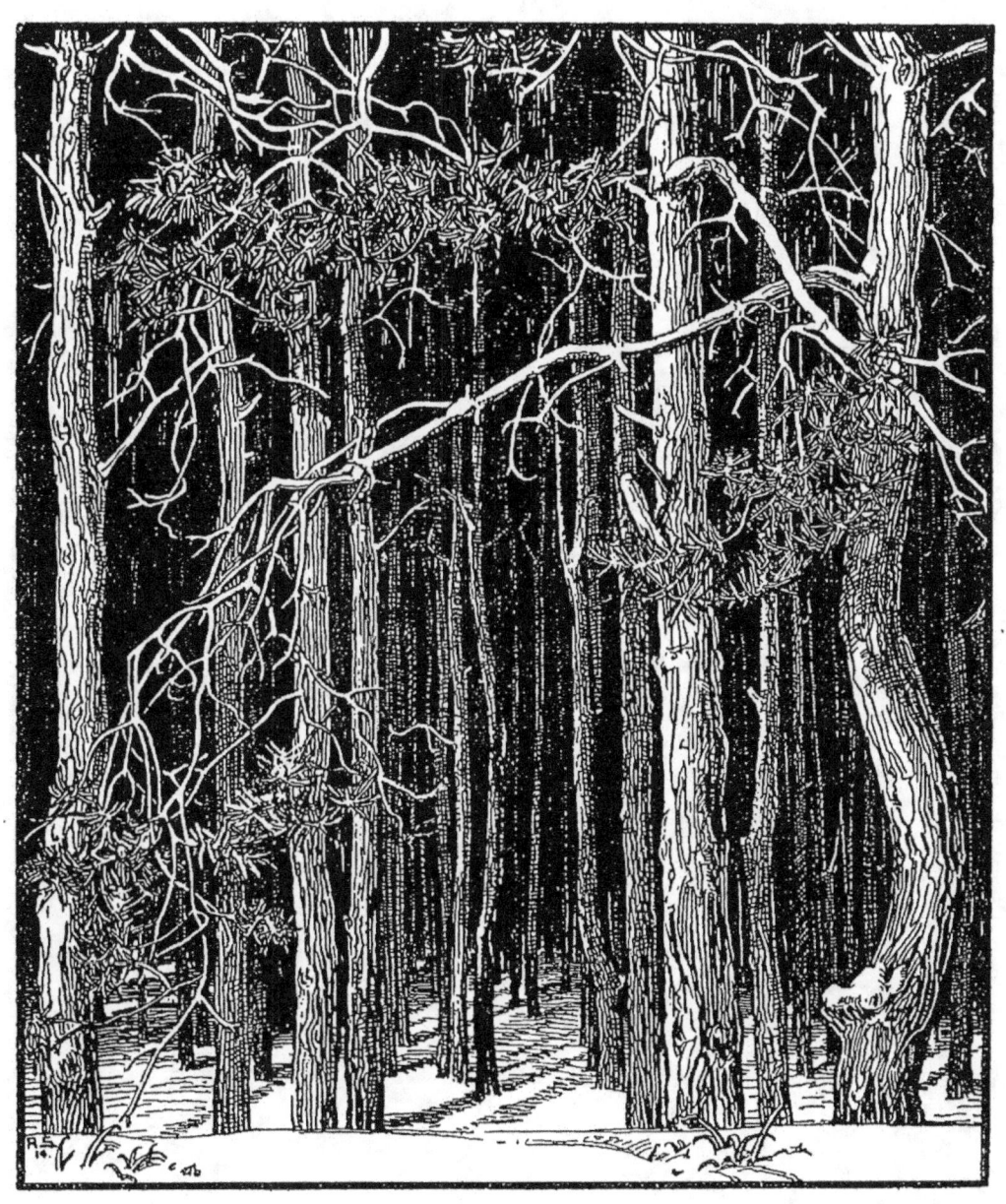

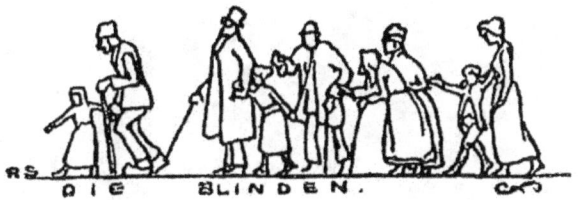
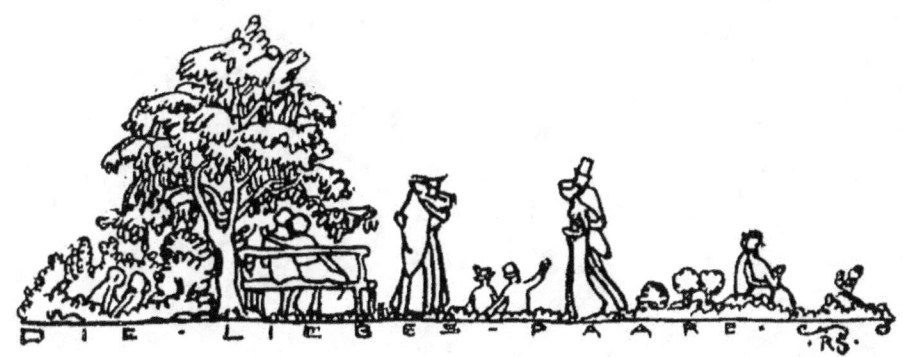
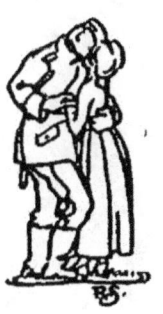

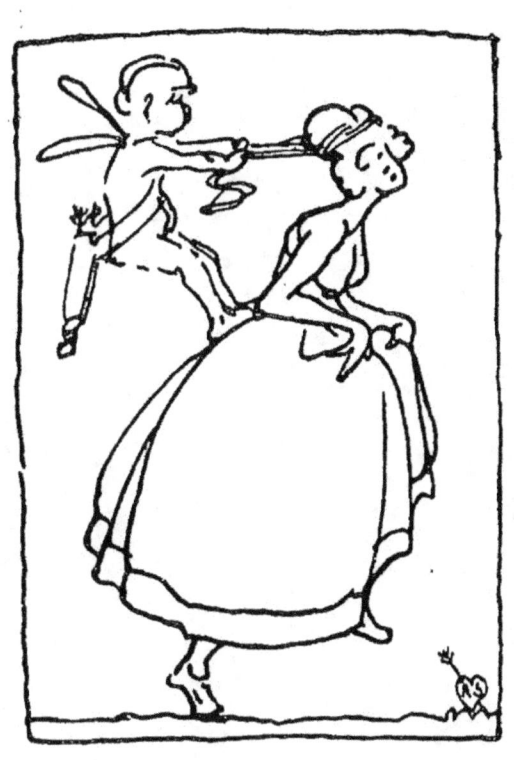
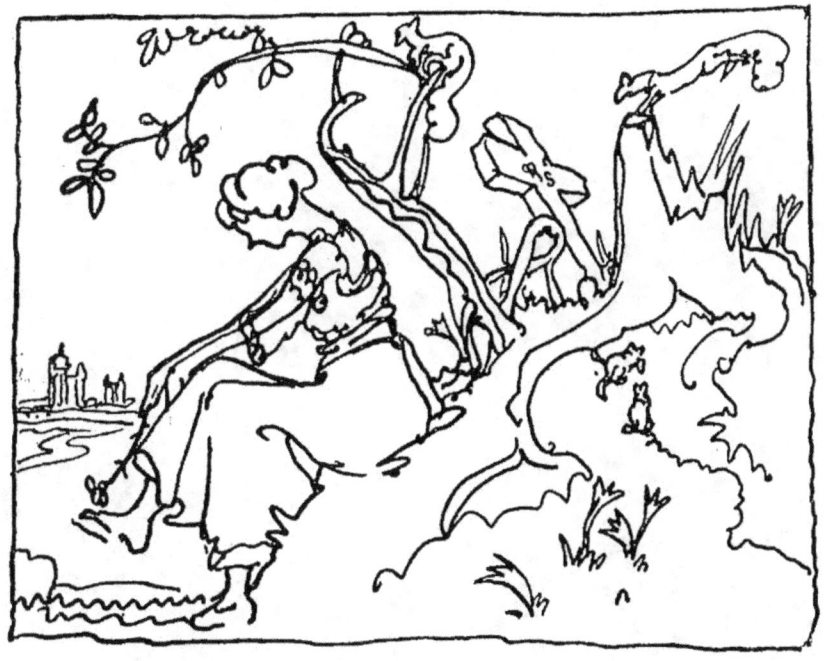

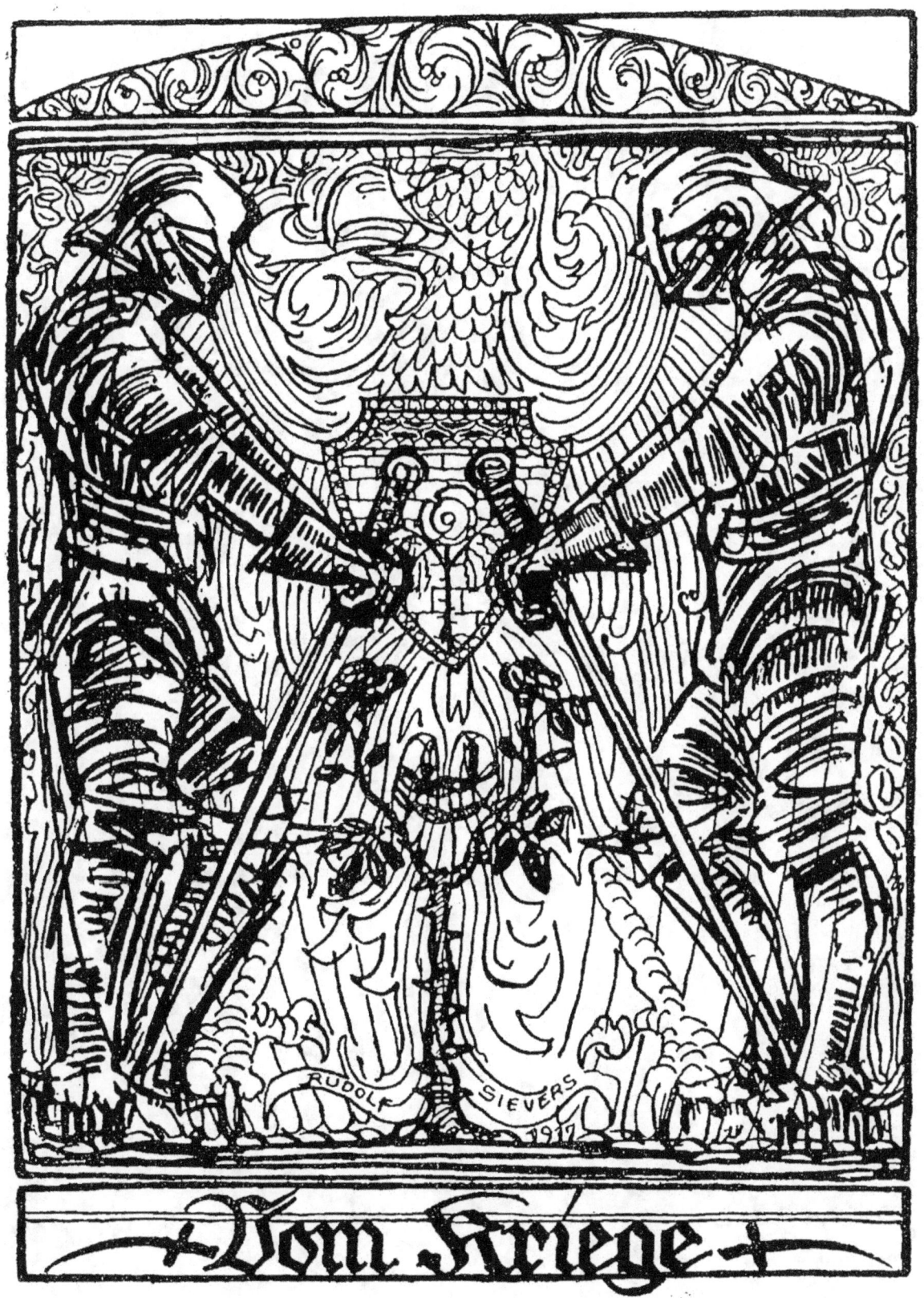

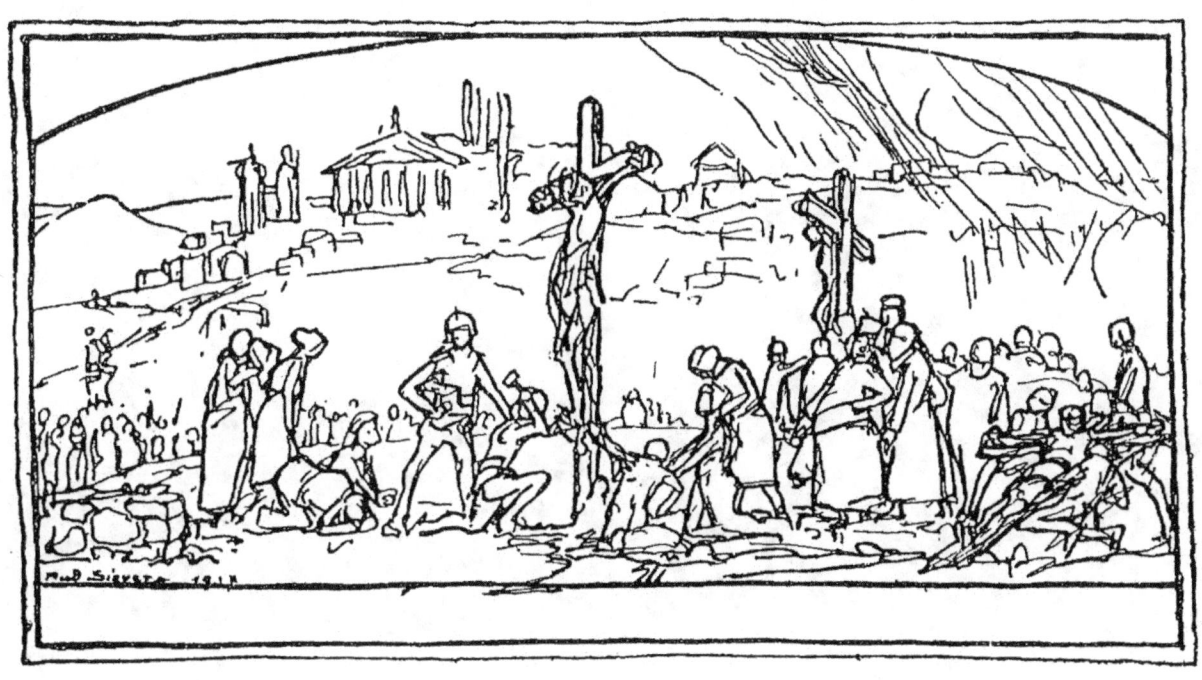

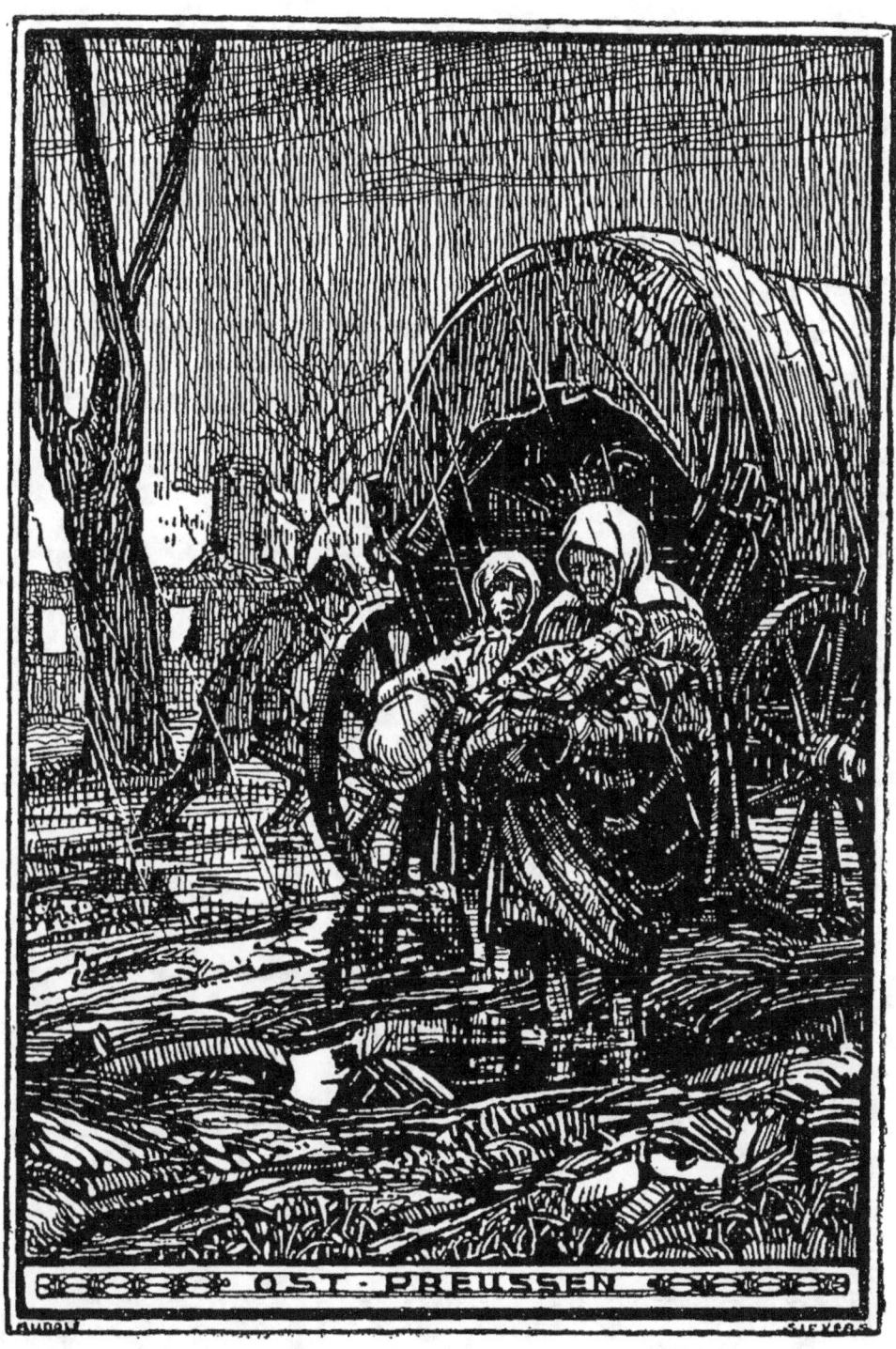

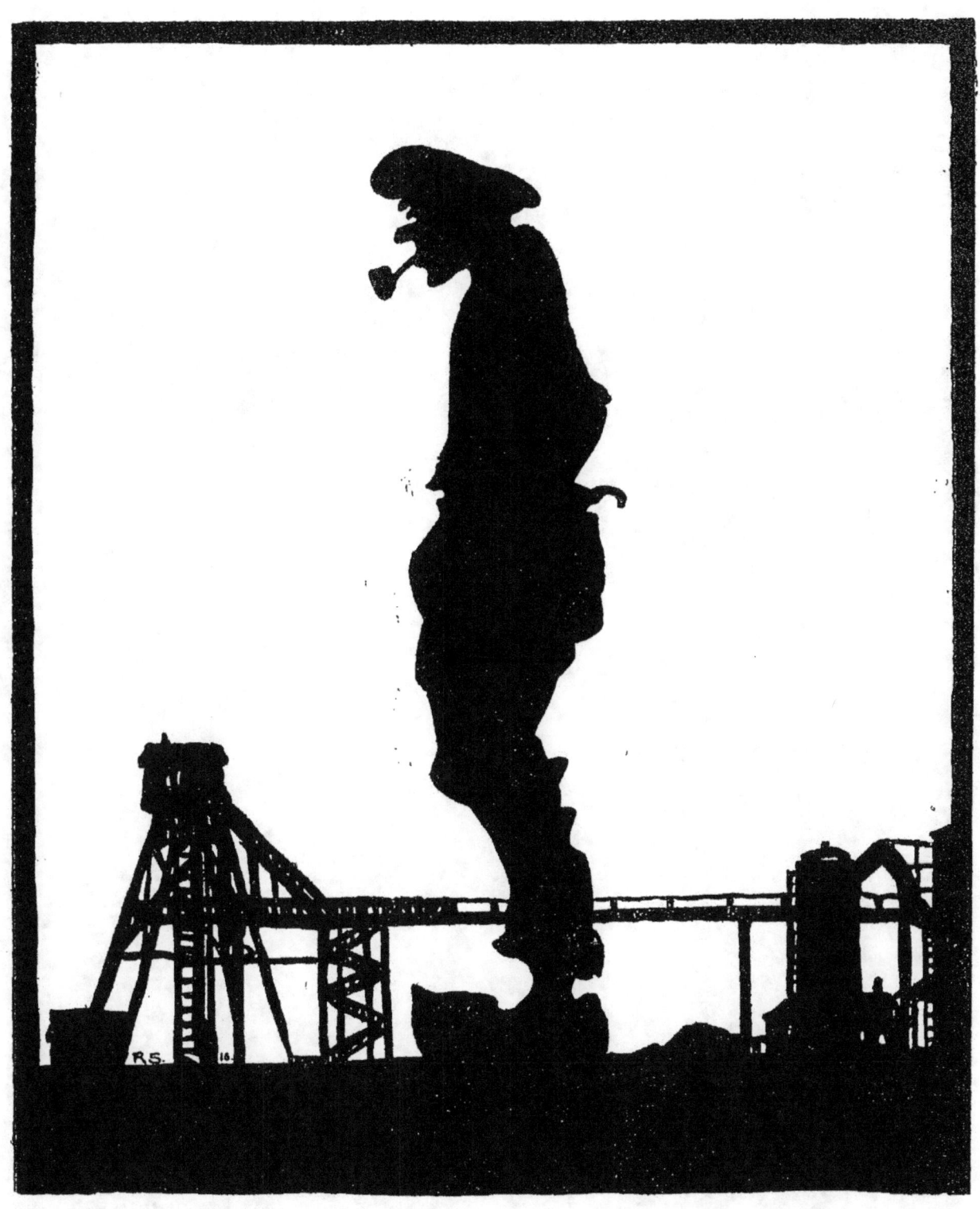

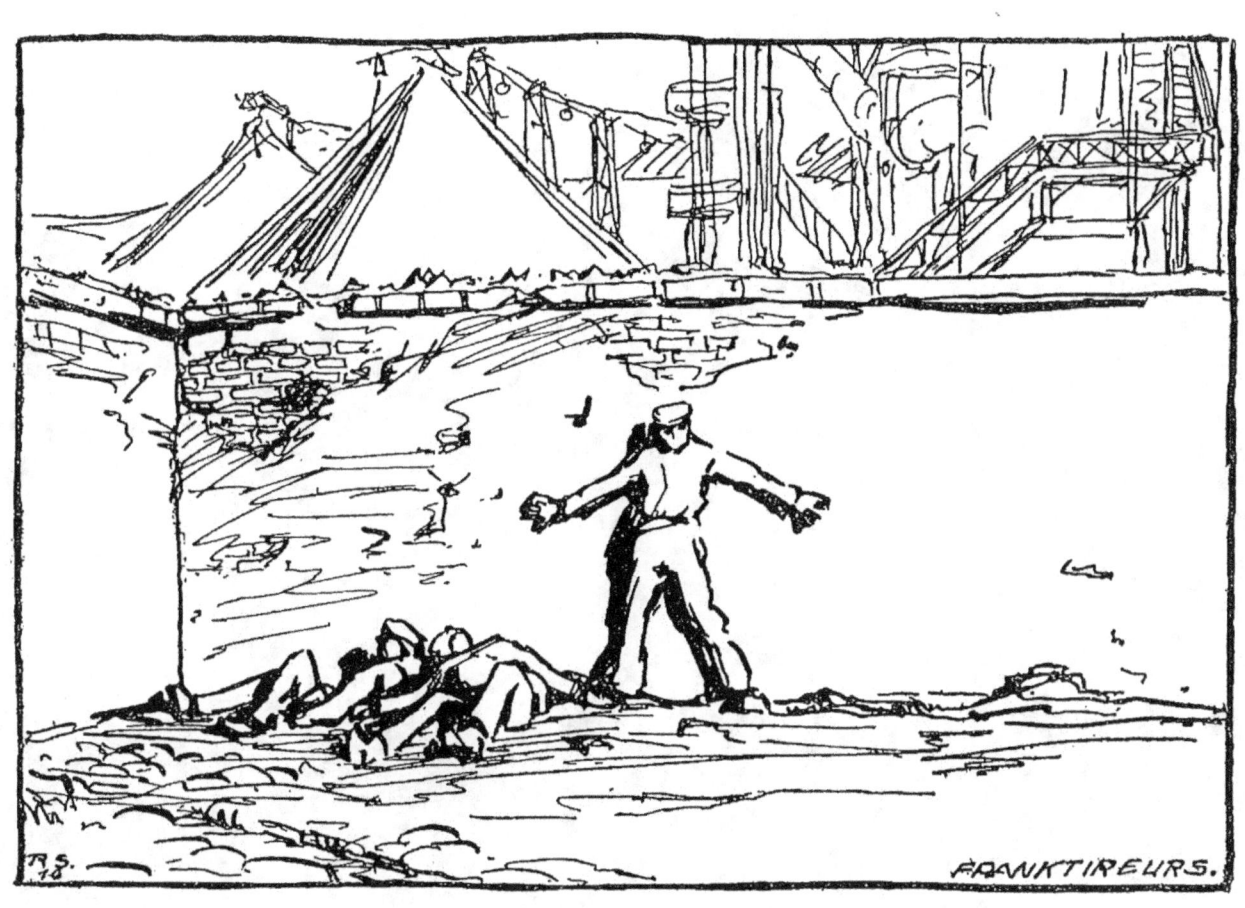

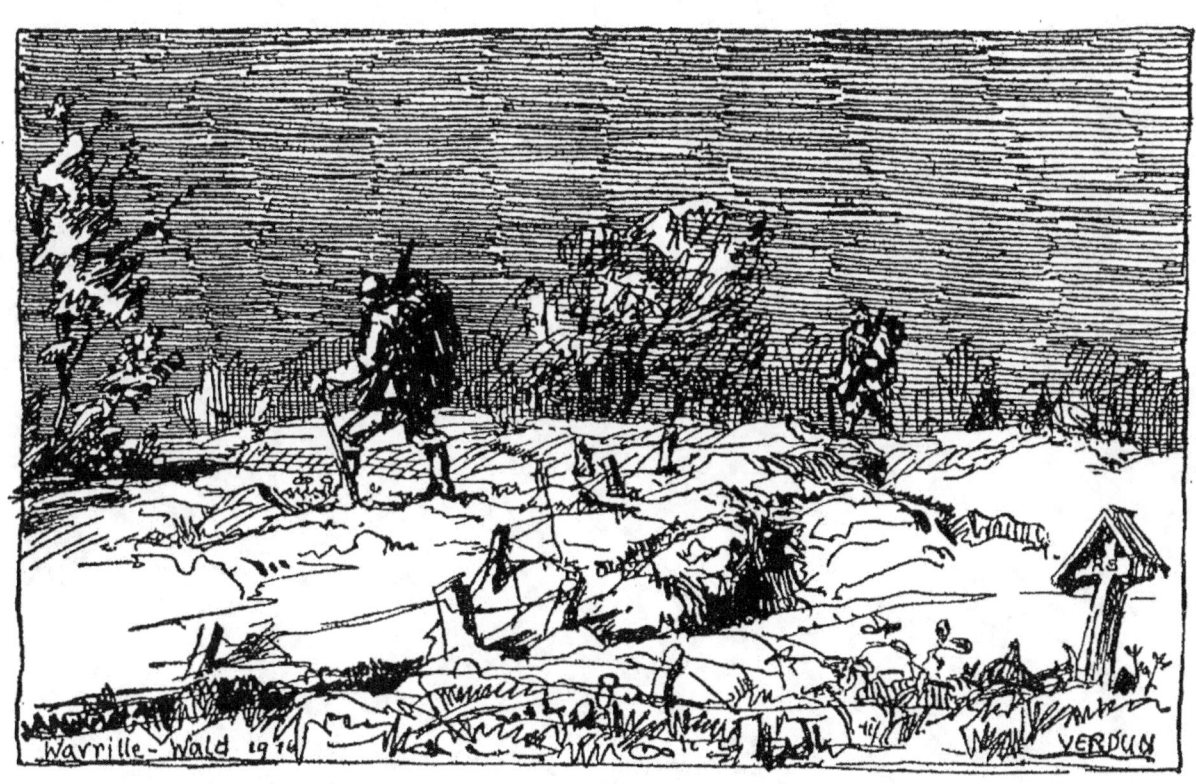

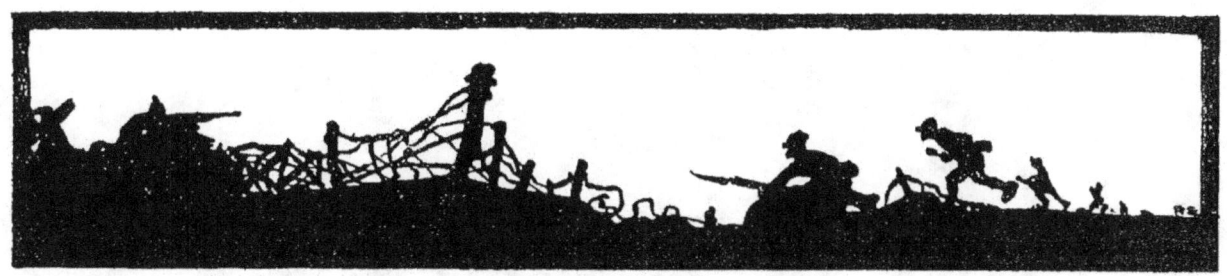

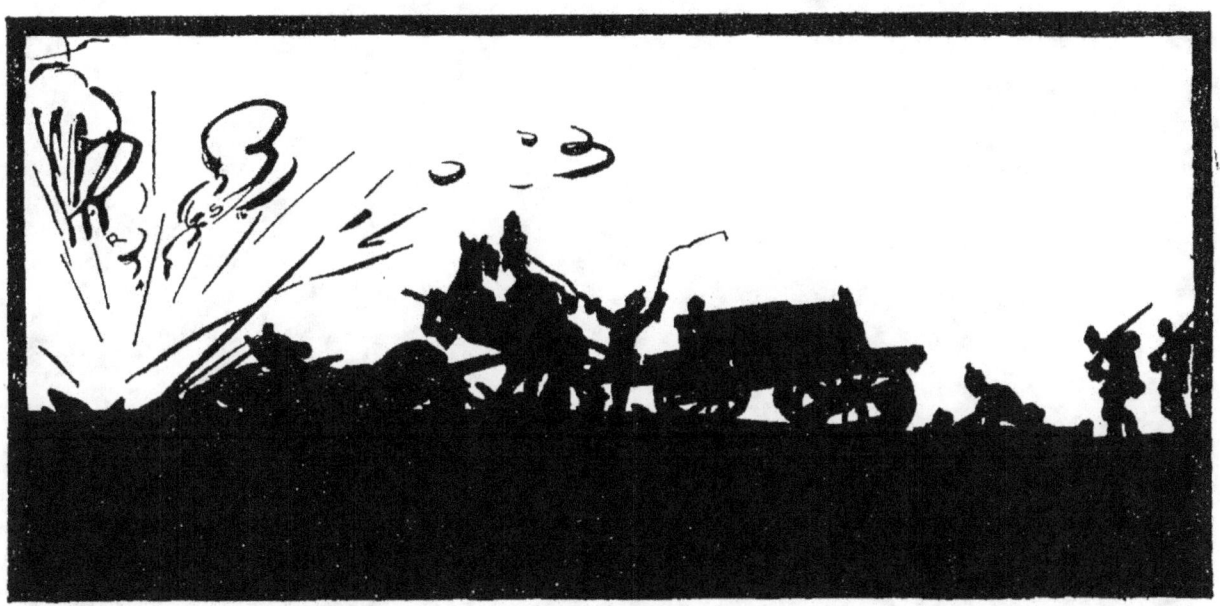

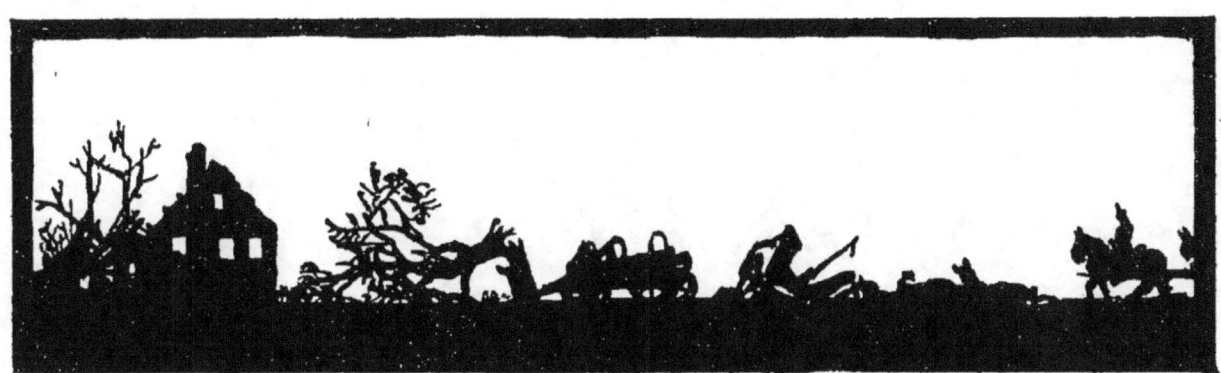

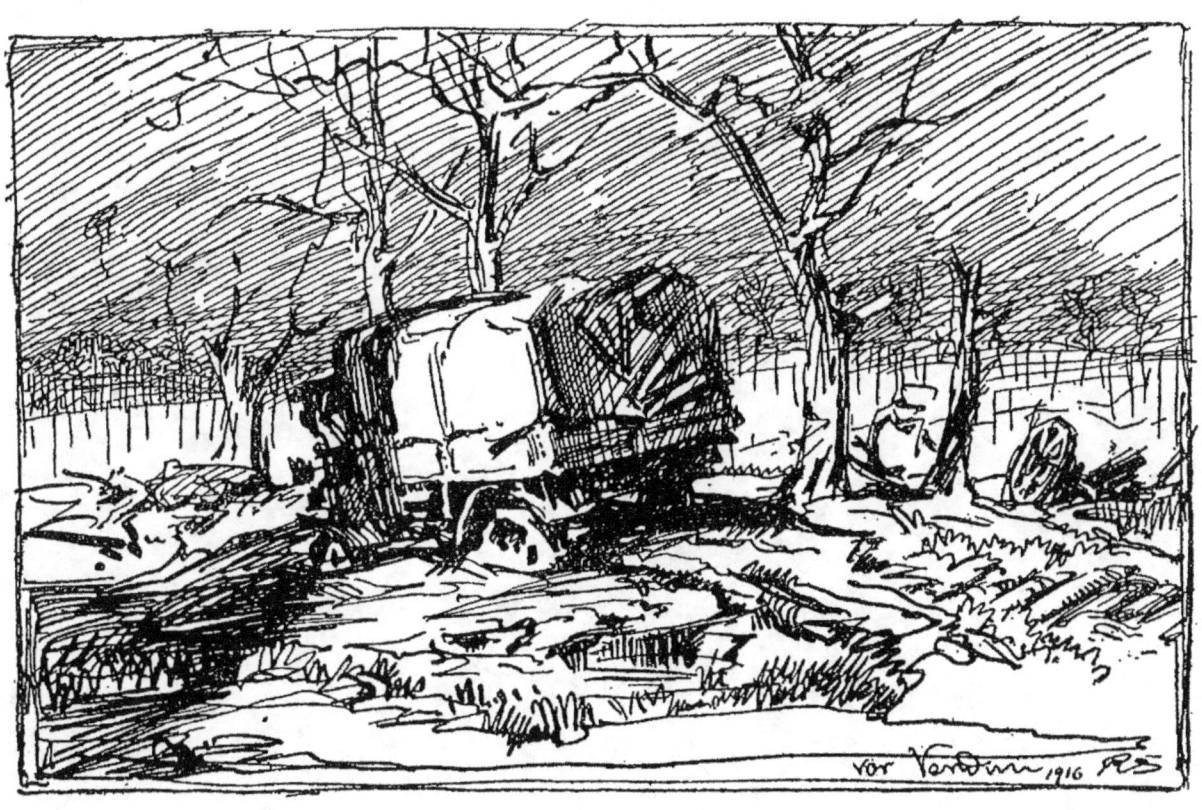

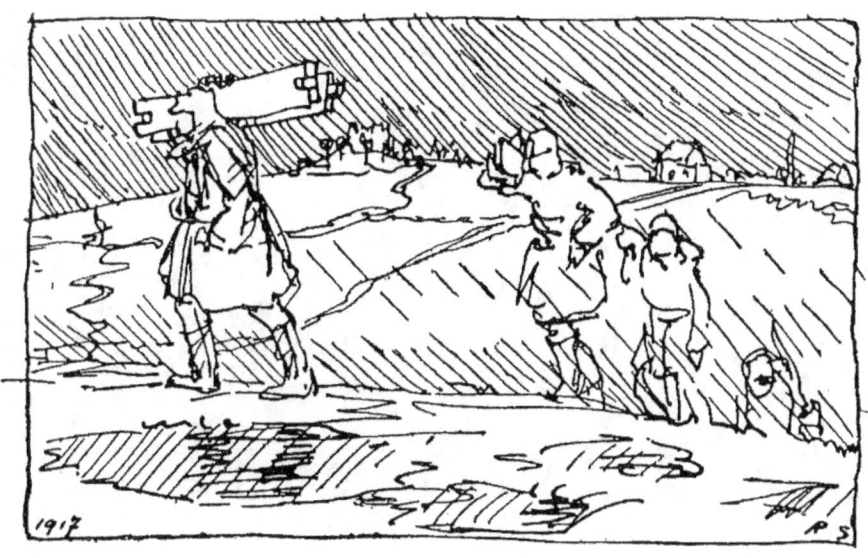

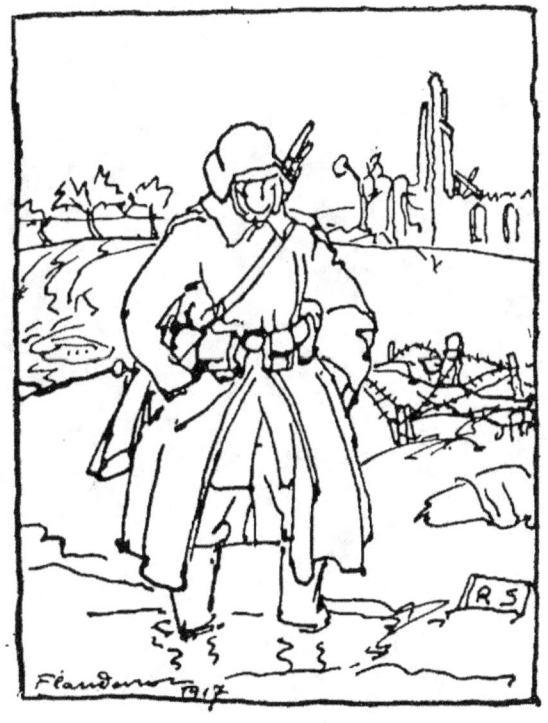

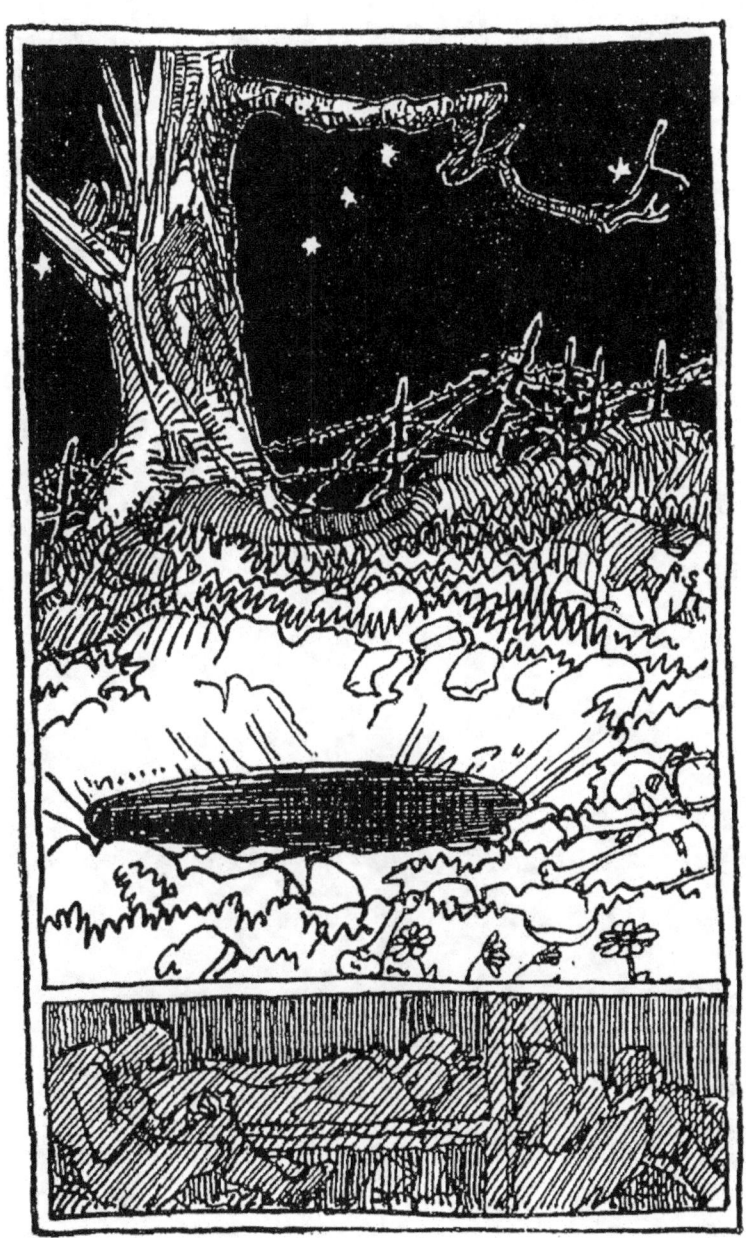

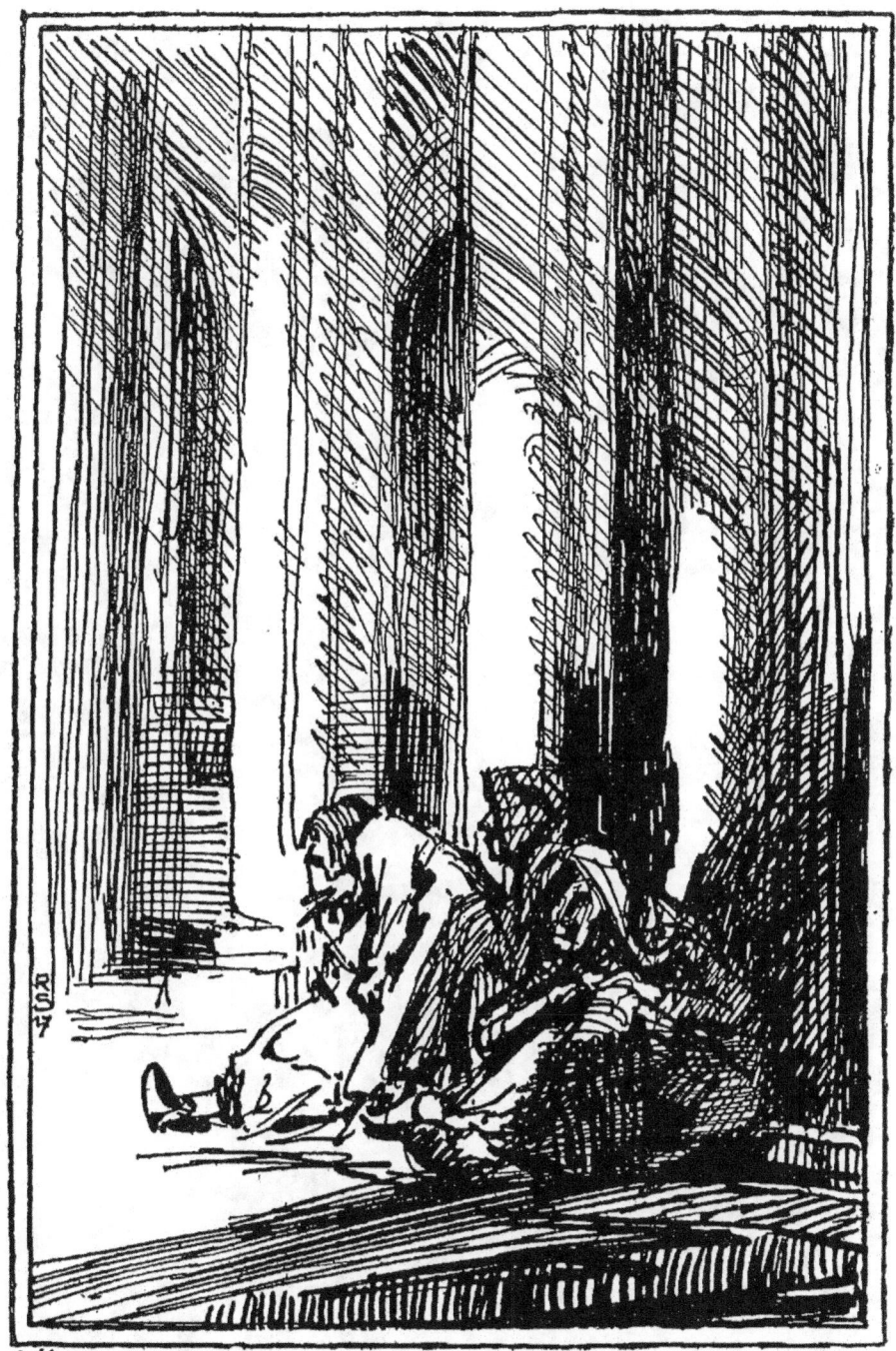

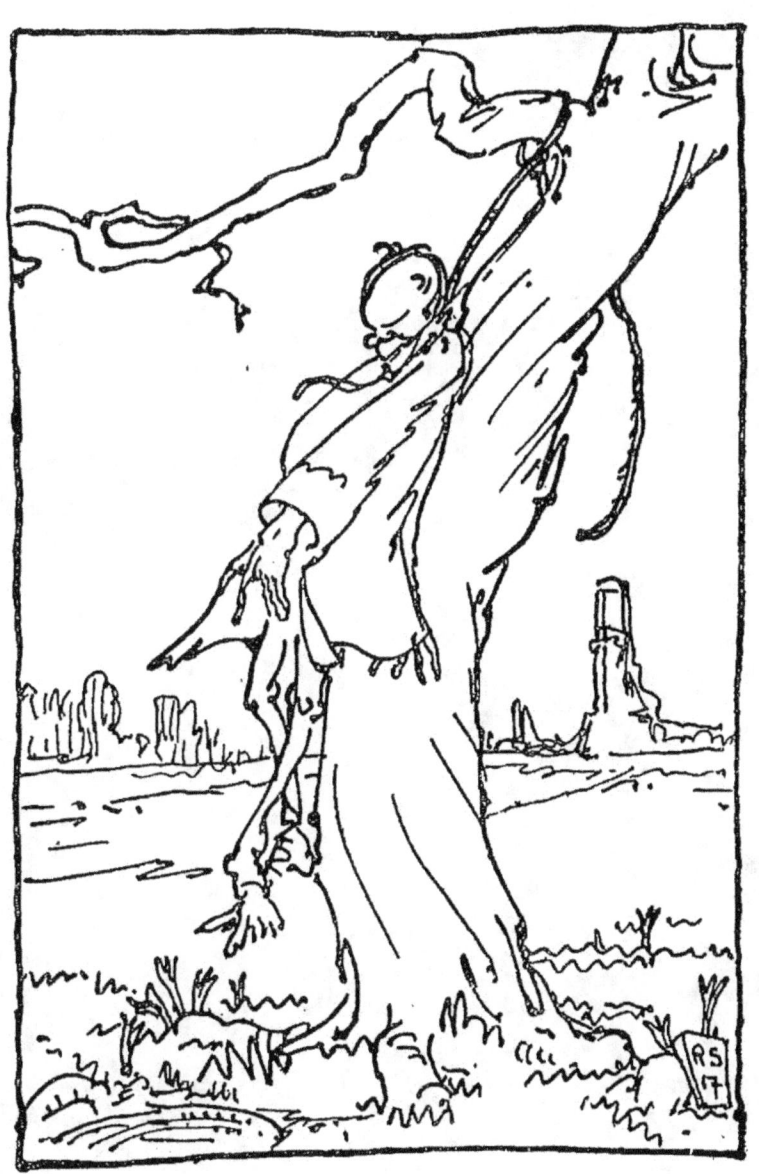

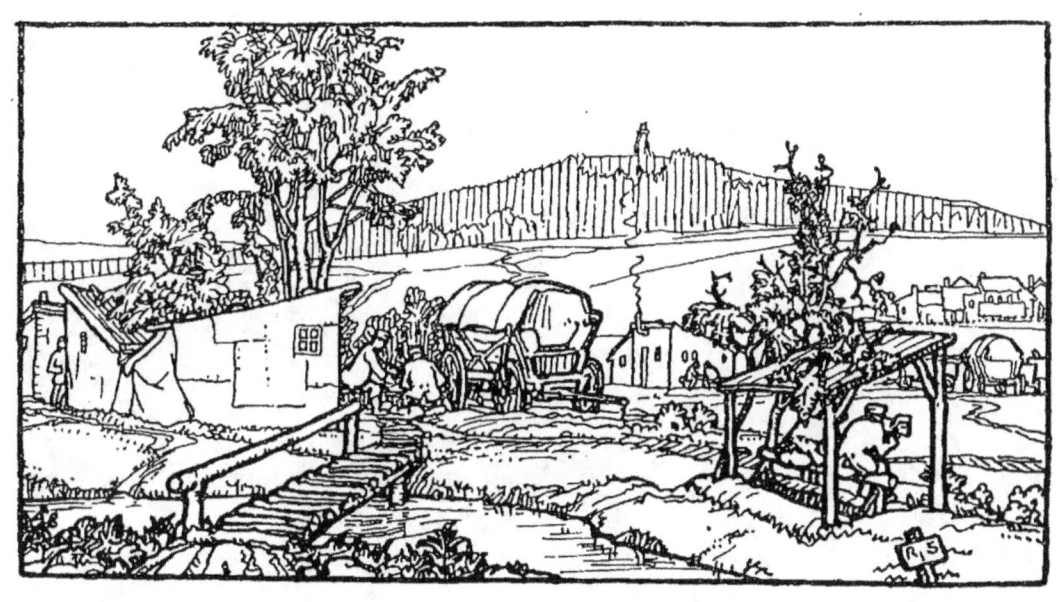

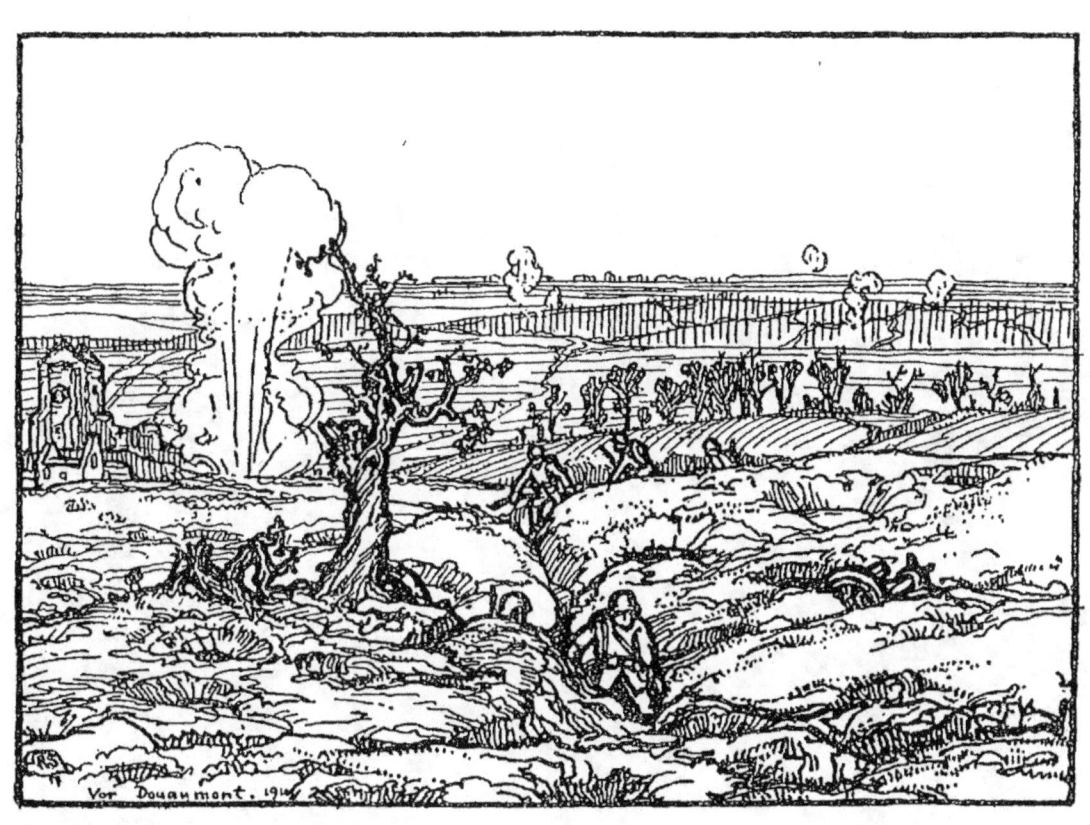

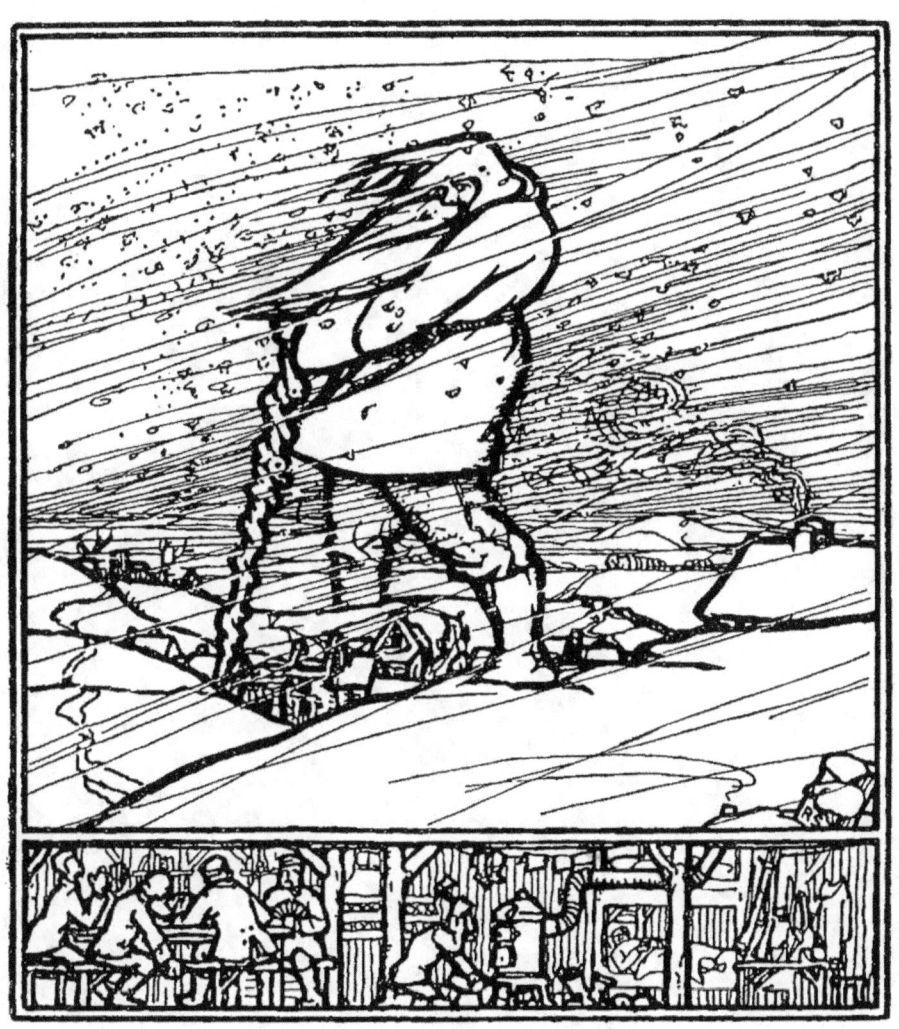

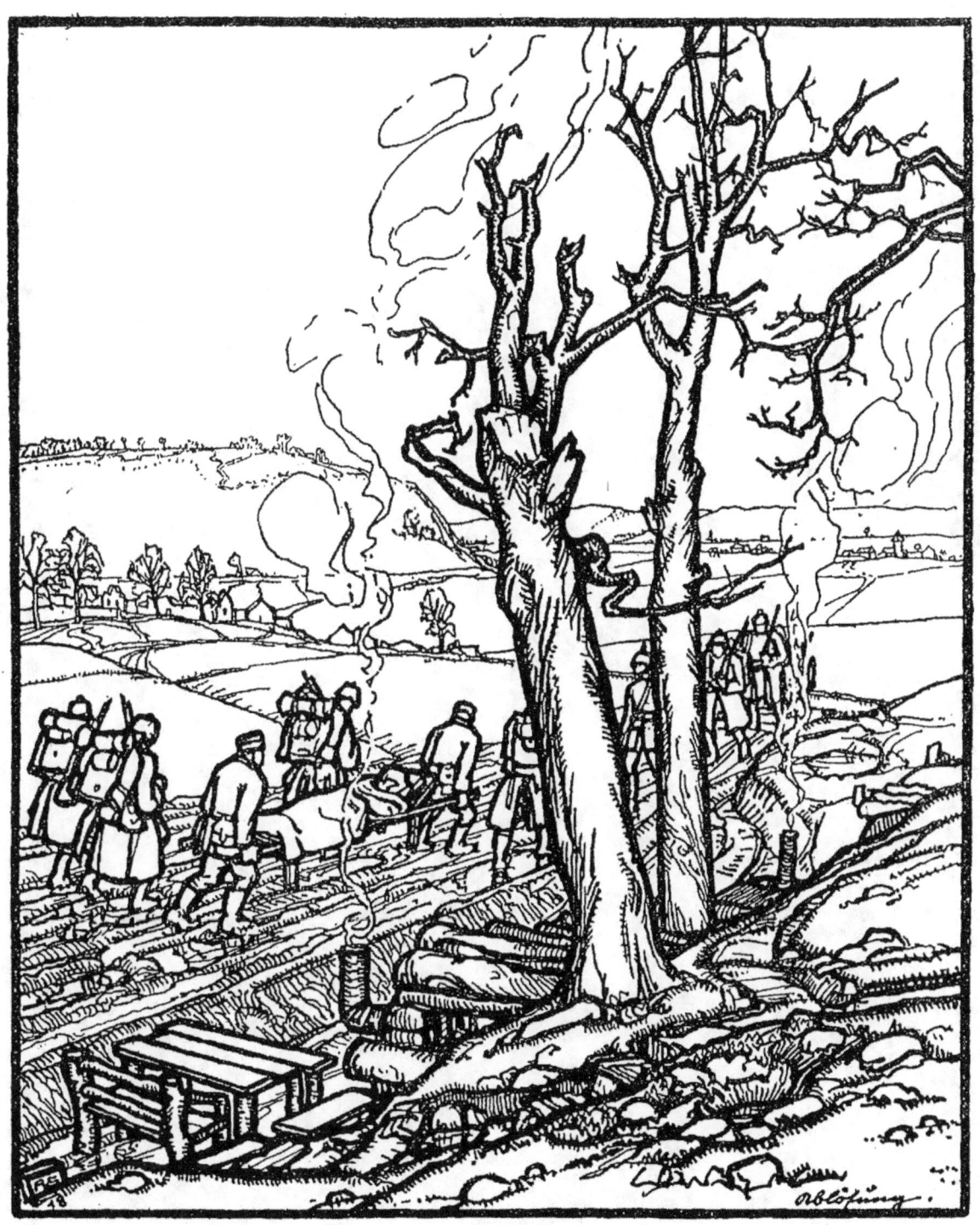

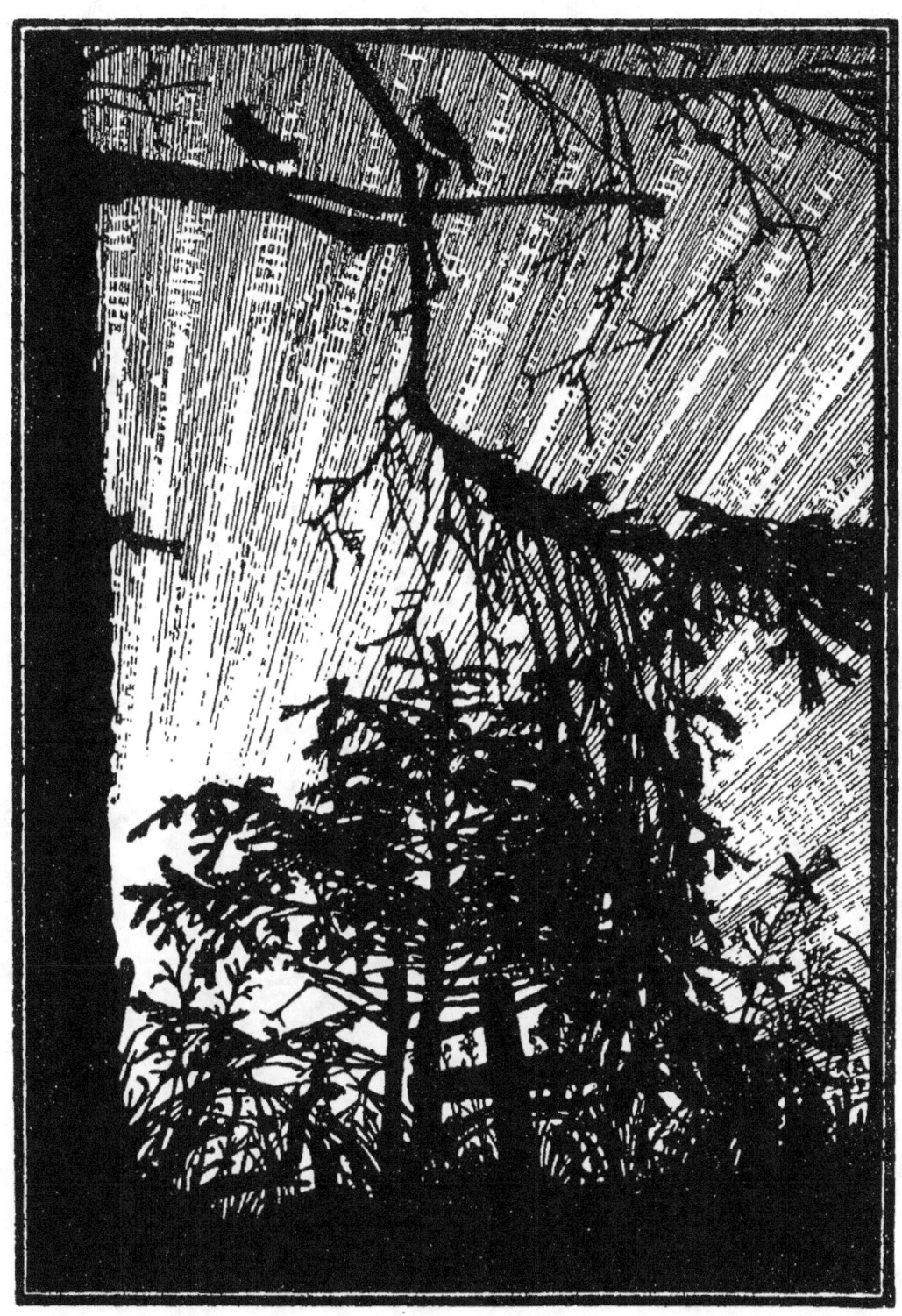

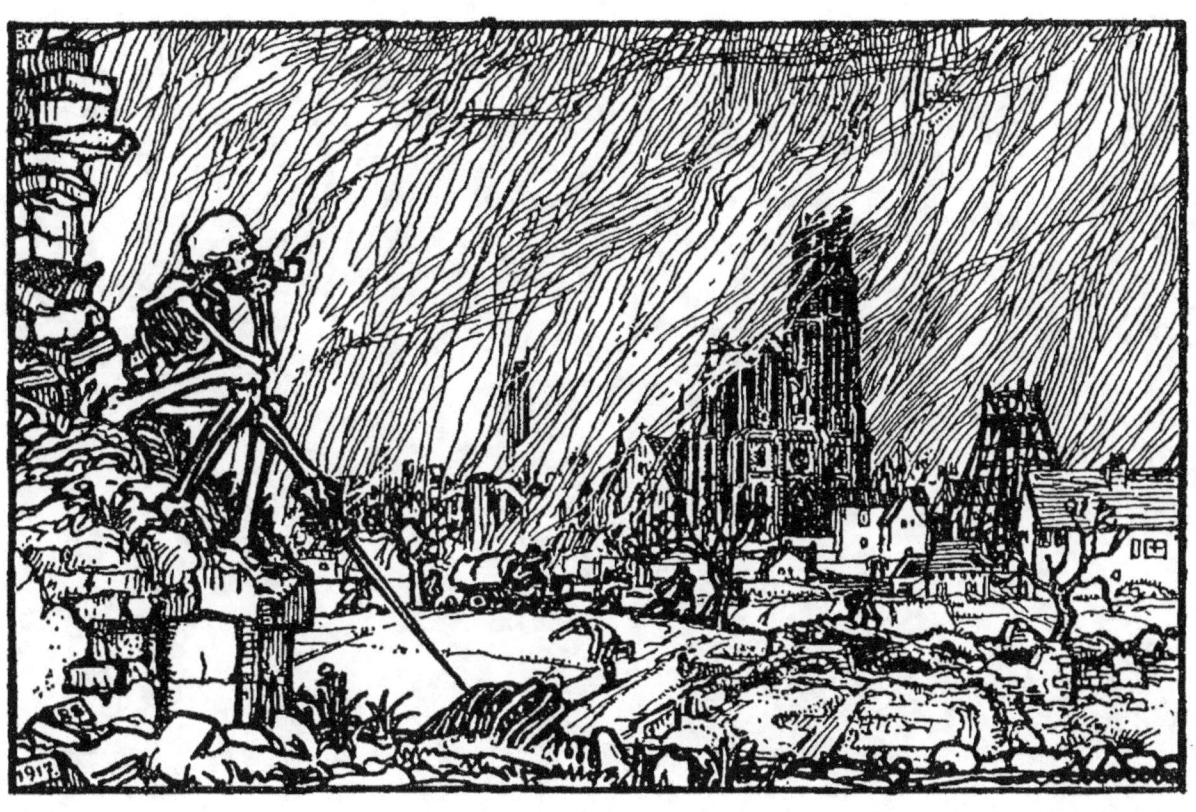

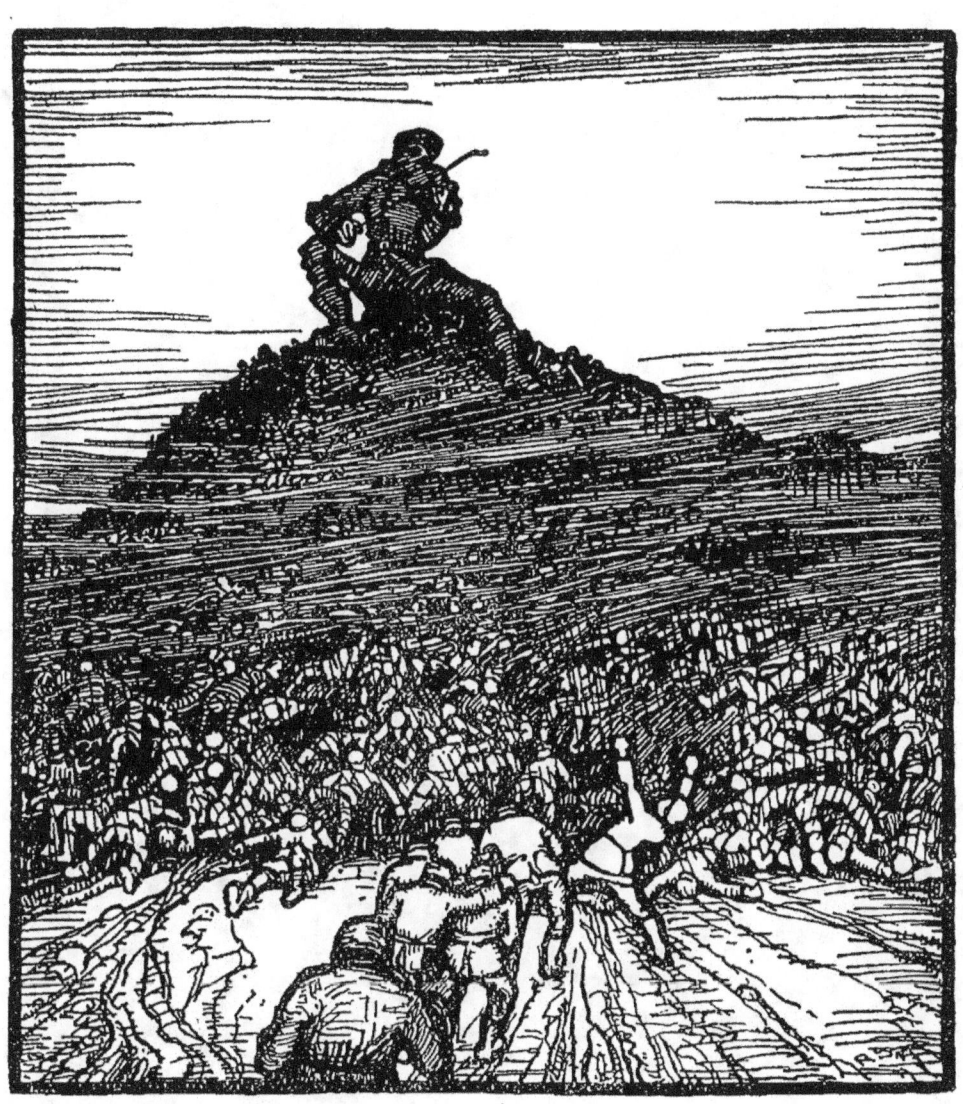

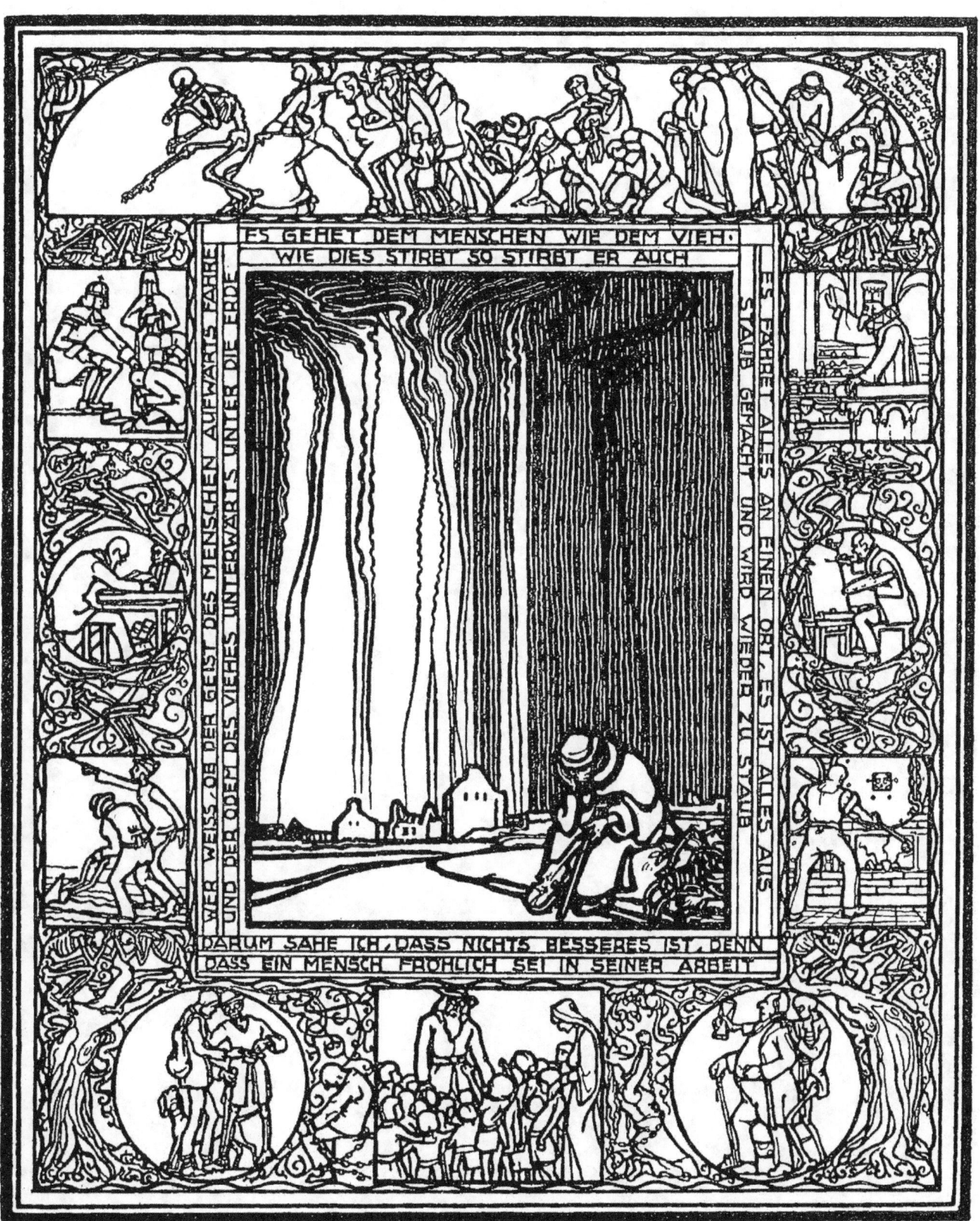

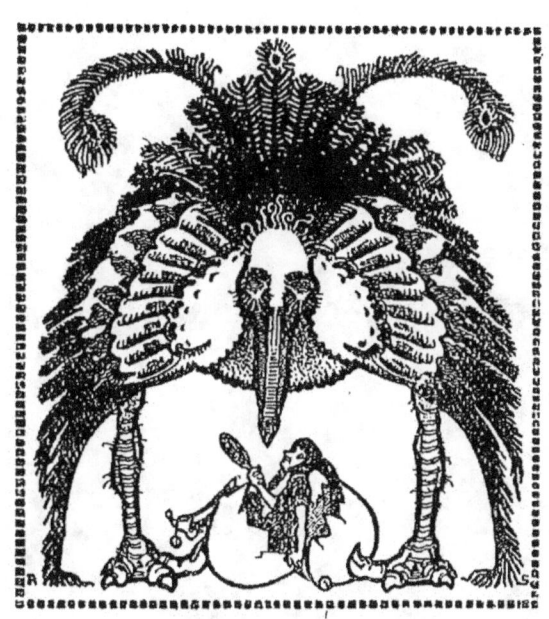

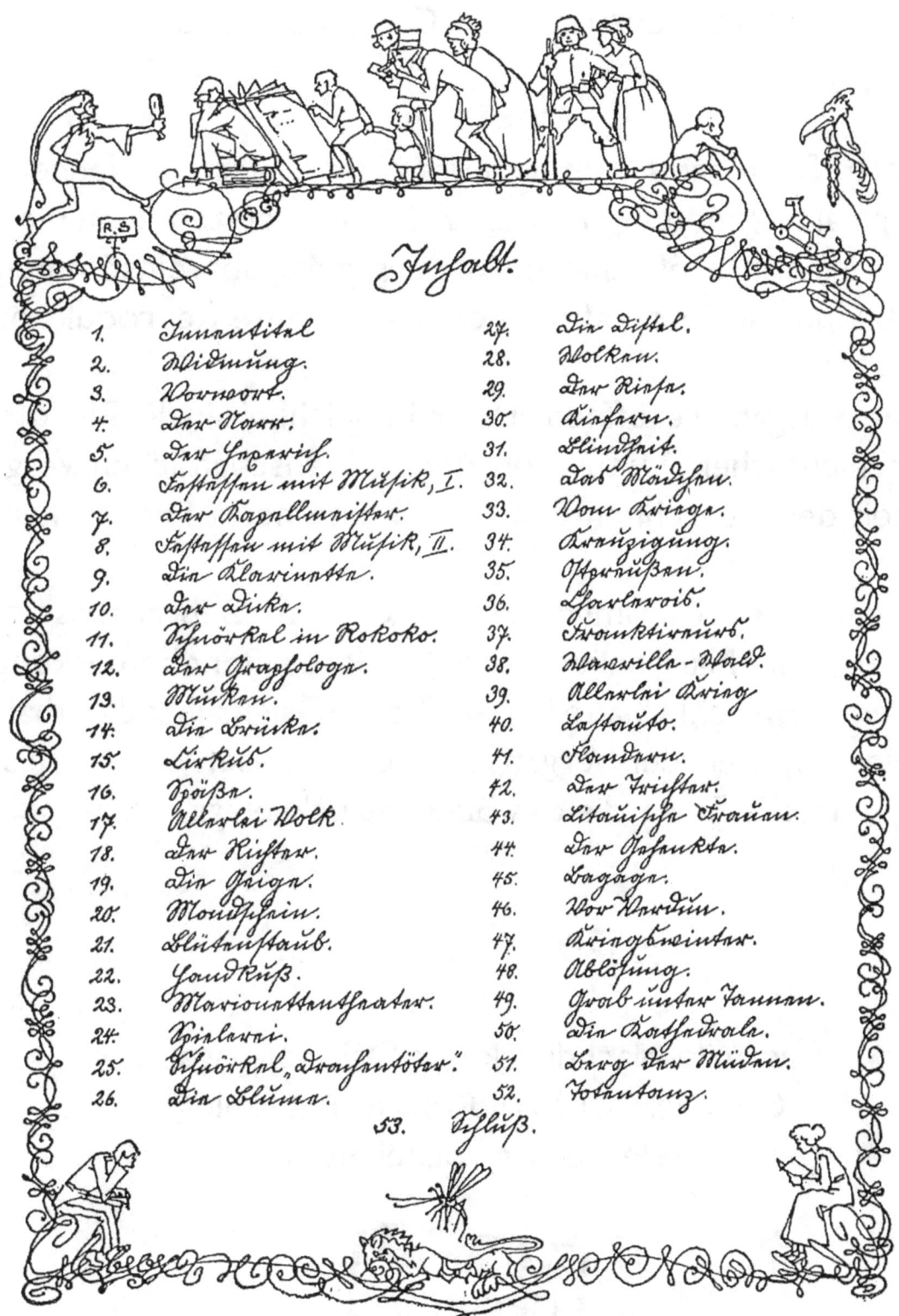

Inhalt.

1. Innentitel
2. Widmung
3. Vorwort
4. Der Narr
5. Der Hparich
6. Kapellen mit Musik, I.
7. Der Kapellmeister
8. Kapellen mit Musik, II.
9. Die Klarinette
10. Der Dicke
11. Schnörkel in Rokoko
12. Der Graphologe
13. Mücken
14. Die Brücke
15. Zirkus
16. Vögel
17. Allerlei Volk
18. Der Küster
19. Die Geige
20. Mondschein
21. Blütenstaub
22. Handkuß
23. Marionettentheater
24. Vinlaui
25. Schnörkel „Drachentöter"
26. Die Blume
27. Die Distel
28. Wolken
29. Der Riese
30. Kinder
31. Blindheit
32. Das Mädchen
33. Vom Kriege
34. Kreuzigung
35. Ostpreußen
36. Charlerois
37. Krankenruhe
38. Marville-Wald
39. Allerlei Krieg
40. Lastauto
41. Flandern
42. Der Friedhof
43. Litauische Frauen
44. Der Gehenkte
45. Lagoges
46. Vor Verdun
47. Kriegswinter
48. Ablösung
49. Grab unter Tannen
50. Die Kathedrale
51. Krug der Müden
52. Totentanz
53. Schluß

Reprint Publishing

FÜR MENSCHEN, DIE AUF ORIGINALE STEHEN.

Bei diesem Buch handelt es sich um einen Faksimile-Nachdruck der Originalausgabe. Unter einem Faksimile versteht man die mit einem Original in Größe und Ausführung genau übereinstimmende Nachbildung als fotografische oder gescannte Reproduktion.

Faksimile-Ausgaben eröffnen uns die Möglichkeit, in die Bibliothek der geschichtlichen, kulturellen und wissenschaftlichen Vergangenheit der Menschheit einzutreten und neu zu entdecken.

Die Bücher der Faksimile-Edition können Gebrauchsspuren, Anmerkungen, Marginalien und andere Randbemerkungen aufweisen sowie fehlerhafte Seiten, die im Originalband enthalten sind. Diese Spuren der Vergangenheit verweisen auf die historische Reise, die das Buch zurückgelegt hat.

ISBN 978-3-95940-040-4

Faksimile-Nachdruck der Originalausgabe
Copyright © 2015 Reprint Publishing
Alle Rechte vorbehalten.

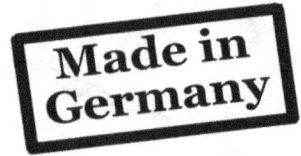

www.reprintpublishing.com